Problem&Polemic

PP選書

Problem&Polemic

｜課題と争点｜

「教育」という過ち

生きるため・働くための
「学習する権利」へ

田中萬年
Tanaka
Kazutoshi

批評社

Cover Drawing:
"The School"
Giovanni Domenico Tiepolo
1791

はじめに

今日、「教育」の言葉に疑問を持つ人はいないであろう。筆者もフツーの日本人であり、日本の教育を受けて育ったので、教育に対する常識は周りの人と変わったところは無かった。

例えば、退職して研究室を片付けるとき、職業訓練指導員を経て研究生活を始めた当初に購入したある教育書の扉裏に「教育の立場より職業訓練を常に見直そう‼」と記していたことに気付いた。職業訓練には問題があり、教育学で職業訓練を整理すれば職業訓練の問題は解決できるのではないか、との素朴な思いを持って研究生活に入っていたのである。

ところが、研究を進めていく過程で様々な事態に当面する度に、職業訓練が問題なのではなく、教育の捉え方にこそ問題があるのではないか、と考えるようになった。

寺子屋・藩校に代わり明治五年に近代学校が設立されたが、国民の多数を占めていた農民は学校が農民のためにならず、学費・経費がかさむために反発し、学校批判運動を起こした。中には学校焼き討ちまでに過激化し警察では取り締まれず、争議は軍隊により鎮圧された。寺子屋に反発した農民はいなかったが近代学校には反対したのだ。つまり、今日言われるわが国国民の学歴主義観、教育信奉の意識は学校制度が成立した時からあったのではないことが分かる。

「教育」への信奉は「教育を受ける権利」が民主的だとする信用に連なる。今日の教育策を批判する者も、「教育を受ける権利」を批判する者はいない。つまり、「教育を受ける権利」という同床の教育への異夢論であり、ここにわが国の教育論が百家争鳴を呈している根源がある。例えば、「教育権」として論じられることがあるが、国語辞典の「教育」の定義に従えばその意味は「教育する権利」となり為政者の権能を意味している。しかし、「国民の教育権」のような論があるが、いかなる国民がどのような国民を教育する権利なのだろうか。「親が子を教育する権利」を理解するとしても、これとて子の躾だという虐待や「教育虐待」の言い訳に使われている。

「教育を受ける」ことによって自立観が育たないのは疑いない（国立青少年教育振興機構「日本の高校生は受け身で消極的？」二〇一七年三月一三日）。自立観が欠如していれば就業のための学習よりも進学のために教育を受けることが楽（得）だという思いは学校で身に付くだろう。

とはいえ、国民は「教育」を誤解している、と筆者はいうのではない。国民は「教育」についての正しい知識を紹介されずに「騙され」てきた、と考えている。ちょうど、ウグイス等の小鳥がホトトギスに托卵させられ孵化させられているように、国民は「教育」が崇高なこととして「托教育」させられているのである。それは「教育勅語」の「教育」の観念によってである。

そのような中で、「教育勅語」の非人権性は明らかであるにもかかわらず、保守的為政者・指導者は「教育勅語」を利用しようとする。問題は、「教育勅語」は排除すべきと言う人も「教育」を認めることによって「教育勅語」精神を無意識のうちに許容することになるのである。

ところで、「日本国憲法」を改正すべきことは国民主権を強化することであろう。個人の尊厳を保障し、一人ひとりの個性を活かすことは教育では困難であり、それは学習の支援でなければならない。つまり、「教育を受ける権利」を「学習する権利」に改正することであろう。

それでは、「学習する権利」では何が改善されるのだろうか。

彼・彼女等が学ぶ学習内容は為政者の意図によるものではなく、学習者の要望に応えて準備されたコンテンツ（内容）を選ぶことになる。したがって、学習の保障は政争の具にならない。すると、教育行政の統制は不要となり、強大な管理機構も要らない。人間育成策（教育策）が「学習指導要領」の改訂の度に振れることもなくなる。

学習の要望は個性により異なる。個性に即した学習であれば意欲も増す。個性に即した学習を保障するためには個別学習が望ましい。すると、全国一律の学力検査は無用となる。そうすれば、一人ひとりの個性ある能力が向上するだろう。個性を認めれば差別もいじめも発生しないであろう。

「学習の保障」は一人ひとりの自立の意識もあわせて育むであろう。自立観が育てば、職業観も育ち、多くの個性ある創造性豊かな人材が生まれ、活力に溢れるであろう。もっとも、これを保証する条件として「職業に貴賤なし」の観念が社会に浸透していなければならない。いつの時代も、どのような国も社会と無関係な人の育成策はないからである。

今日は他国との交流が避けられない。人間育成についても国際的に共通な土台に立つべきだろう。education は「教育」ではなく、「能力開発」がより近い。誤訳を定着させたのは「教育勅語」である。education 観と全く異なる「教育」観ではお互いに誤解したままで相互理解ができるはずはない。education の観念により近い「学習支援」であればお互いの意図が通じるはずである。

今日、わが国は教育の機会が裕福層に有利となり、格差の再生産が教育によってなされていることが指摘されている。〝教育が格差を拡大している〟と言うことは、教育の根本原則である「教育を受ける権利」が国民の権利になっていず、負のスパイラルを拡大していることを示している。

ヒントは北欧にあるようだ。わが国よりもＧＤＰが小さい少なくない国で幼稚園・保育園から大学までの学校教育と就職のための職業訓練を無料またはわが国に比べれば遥かに僅かな学費で、若者だけでなく国民は就労条件を高めるためのスキルと知識を得ている。

為政者、指導者、社会的成功者にとっては今日の教育制度は有効であり、改革する必要性を感じないであろう。その路線の社会の見方として「底辺に甘んじているのは『教育を受ける権利』を放棄したための自己責任だ」とする論が正しいように思われ、格差の底辺に耐えている社会的不運者（弱者）は、既存の「教育」の〝常識的〟考えでは問題が「教育」そして「教育を受ける権利」にあるとは思いもよらないのではなかろうか。

教育を差配する為政者に教育の改革を望むのは筋違いであり、教育の真の改革は国民の学習権の立場からしかできない課題であると考える。本書が国民の立場からの次代を担う若者の学習権について今後のあり方を考えるヒントになれば幸いである。

二〇一七年四月　初々しい新入学生の姿を見て

著　者　識

PP選書［Problem & Polemic：課題と争点］

「教育」という過ち——生きるため・働くための「学習する権利」へ＊目次

第二章 学習支援のために設立した文部省と学校——教育に変質した文部省と学校・84

（凡例）

1．本書では概念や定義を意味する場合は「教育」と括弧を付け、実態や営みを表すときはただ教育と記している。ただし、〝教育観〟等の複合語には括弧を付けない。

2．原文にルビがない場合も引用文でルビを付けた用語がある。

3．引用・参考文献等の発行年の西暦・元号は原著のままとした。

（参考文献について）

本書で新たに利用した文献につきましては初出の場合に文中または各文節末に注記しています。ただ、個々の事実の原典は膨大になりますので、ここに全てを紹介することが困難です。多くはこれまでに著した次の拙著に紹介していますので、本書では失礼ですが特に重要な文献のご氏名等のみを記しています。

- 『生きること・働くこと・学ぶこと』、技術と人間、二〇〇二年。
- 『仕事を学ぶ』、実践教育訓練研究協会、二〇〇四年。
- 『働く人の「学習」論』（第一・二版）、学文社、二〇〇五年・七年（大木栄一氏との編著）。
- 『教育と学校をめぐる三大誤解』、学文社、二〇〇六年。
- 『働くための学習』、学文社、二〇〇七年。
- 『熟練工養成の国際比較』、ミネルヴァ書房、二〇〇七年（平沼高・佐々木英一氏との編著）。
- 『非「教育」の論理』、明石書店、二〇〇九年（元木健氏との編著）。
- 『「職業教育」はなぜ根づかないのか』、明石書店、二〇一三年。

または、「田中萬年のホームページ」――「論文」にアップしている各種拙論にも紹介しておりますので、こちらもご参照いただければ幸いです。

序論　「教育」は官製語である

——educationは「教育」ではない

「教育」に関する最も大きな誤解は、「教育」が日本の社会の発展とともにあった、と信じられていることである。しかし、「教育」は明治政府が富国強兵策の一環として使用したのである。このような「教育」をめぐる経過と、その誤解により生じる課題を明らかにしたい。

また、educationを「教育」として誤解していることがある。海外の報道番組を見聞して日本の教育が彼の国の教育との異質さに実感させられることは、educationは「教育」ではないからである。この問題の解明も今日の教育を繙くために欠かせない。

「教育の文字ははなはだ穏当ならず、よろしくこれを発育と称すべきなり。」

（福沢諭吉「文明教育論」、明治二二年）

一、「教育」は官製語である

教育に疑問を持つようになり、ついに素人の怖さ知らず、無知の発想で筆者は「"Education"は『教育』ではない」を一九九九年に発表した（『技能と技術』）。この論を中心に問題を整理したのが『教育と学校をめぐる三大誤解』である。

このような拙論についての賛同は一般の方による僅かの例はあるが、教育の専門家としては吉田昌弘が『三大誤解』の書評において、分析に不備があるとしながらも「日本教育史研究に対するきわめて有意義な問題の提起を含んでいる」と評していた（『教育文化政策研究』、二〇一〇年）。しかし、多くの専門家からは無視されていたが、ようやく拙論と類似した論を主張する教育学者が出た。それも、教育界の大先達である大田堯である。

大田堯の「教育は外来語であり官製語である」論

戦後の教育学をリードした一人である大田堯は『大田堯自撰集成1』の「人間にとって教育とは」において次のように記している（藤原書店、二〇一三年。傍点原著者、傍線引用者）。

education に中国の古典にある「教育」という言葉をあてたことは、現在からみると「誤訳」だったとも云えよう。いずれにせよ、それが近代国家の体裁をととのえる政権すじからの呼びかけによるものであるから、一般庶民にとっては違和感を伴うのは当然であり、外から、上からの外来語ないし官製語というべきだろう。

同論の初出は『自然と人間の破壊に抗して』（総合人間学会編、学文社、二〇〇八年）だが、初出の論文には傍線部分の記述はなく、自撰集制作時の補筆であると思われる。しかし、大田は官製語の意味や望ましいeducationの日本語訳、「教育」の英訳を記していない。

右のような大田の述懐は拙論の「“Education”は『教育』ではない」の支援になるだけではなく、「教育」は官製語であるという指摘は、極めて重要である。上のような視座から戦後教育の改革がなされていれば、教育は今日とはまた異なった姿を示しているのではないかと思われる。大田が詳しく述べていない官製語とは何か、外来語とは何かを以下では明らかにしたい。

二、〝王の楽しみ〟から〝ロボット製造〟になった教育

〝王の楽しみ〟として創られた「教育」

「教」のへん（偏）の「孝」は「子が親につかえること」であり「親が子に指示すること」である。また、つくり（旁）の「攵」はムチの意であり、合わせてムチで「教える」の語義であった。

「教」とはもともと宗教の意味であった。このような「教」と「育」とを結合して「教育」を創造したのは周知のように孟子であり、次のように記していた。

得天下英才而教育之・三楽也

この意味は小林勝人『孟子』（岩波文庫）によると「天下の秀才を門人として教育し、これを立派な人物に育て上げることが、第三の楽しみである」という。この時の「教育」は君子（国王）が国を強大にするための方針を議論する文脈であり、今日的な教育ではない。

中国上海出身で日本語教育の研究者である王智新によると、「教育」という言葉は人民のための言葉ではないので中国では永年一般社会では使用されなかったという。中国における「教育」の使用は、孟子の「教育」としてではなく、日清戦争後に日本の文明を学ぶために日本から逆移入した多くの和製漢語の一つとして始まった、という。第二章で紹介するわが国の教育観が定着した後である。

ちなみに今日の中国の憲法には、「中華人民共和国公民は、教育を受ける権利及び義務を有する」が規定されている。

わが国の「教育」の定義

それでは、わが国で今日用いられている「教育」とは何だろうか。ところが「教育基本法」も「学校教育法」も「教育」の定義を記していない。そこで、社会で広く利用されている『広辞苑』に定義を求めると次のように記されていた。

①教え育てること。人を教えて知能をつけること。人間に他から意図をもって働きかけ、望ましい姿に変化させ、価値を実現する活動。②－を受けた実績。

①の「人間に他から意図をもって働きかけ、望ましい姿に変化させ、価値を実現する活動」は第二版（一九六九年）から第五版（二〇〇七年）までの約四〇年間なされた説明である。ここに「教育」の本質が定義されていた。このように定義された背景には、第一版（一九五五年）から第二版への改訂の間で一九五八（昭和三三）年に「学習指導要領」の法令化・国定化があったためと推測される。「他」とは年齢、知識、地位、権力のより多大な人または組織であろうが、教育の法制度としての最後の責任は政府であろう。

ところで、岩波書店が編集した『教育をどうする』（一九九七年）に寄稿した知識人が『広辞苑』の定義を求めたすべての人はそれが妥当だとしており、さらに「教育は強制である」と言い放つ評論家もいるように、『広辞苑』の定義は広く国民から支持されている事を表している。『広辞苑の嘘』（光文社、二〇〇一年）で辛辣な批判をしている谷沢永一・渡部昇一両人も「教育」については批判していないので、右の定義は誰もが認めるところであろう。

なお、右の定義は二〇〇八（平成二〇）年改訂の第六版では「望ましい知識・技能・規範などの学習を促進する意図的な働きかけの諸活動」となり、「学習を促進する」と受講者を考慮した表現があるが、「意図的な働きかけ」とあるように、誰による、どのような意図なのかが問題であることが分かる。この第六版への改訂を誘因する教育の〝規制緩和〟は一九八〇（昭和五五）年度以降から二〇一〇（平成二〇二〇（令和二）年代初期までの〝ゆとり教育〟を考慮しての事と思われるが、実態はむしろ教育の統制化が進んでおり、『広辞苑』第六版の改訂は疑問だといえる。

ところで、教育学研究者が「教育」を適切に定義した教育学辞典は少なく、あっても文学的で簡潔ではなく、要約して紹介することは困難である。

「学問」の経過

「勉学」とは学問に勉めることであり、今日でも利用されている。その「学問」とは、江戸時代までは「学文」であり、さらに「文学」も同義であった。つまり江戸時代までは勉学が重要な努力をあらわす言葉だった。福沢諭吉が一八七二（明治五）年から書き始めた『学問のすすめ』とはこのような勉学を奨励した意味であり、今日的には「学習のすすめ」だったのである。

わが国の学校制度に関する最初の法律は明治五年に制定された「学制」（略称ではない）であった。第二章で詳述するが、「学制」の「学」とは「がくもん」であり、「学制」とは「がくもんのしかた」であった。つまり、「学制」は「がくもん」の制度に関する法であった。福沢の「学問」と政府の「学制」は同じ方向を目指していたのである。なお、「学制」の目的は学校の設立構想を述べているのであり、教育する法律とはなっていない。

ところで、「文武両道」について「文道と武道の二つの道」と今の人には分からぬ説明をしている辞書が多い。分かりやすい説明として「学術と武術の両面」もあるが、「文」と「学術」との関係は明らかにならない。「文」とは学文であり、学問だとすると「文武両道」の意味を理解できる。

ちなみに、今日の「学問」のように研究的意味が入ったのは一八八五（明治一八）年に文部省の業務を「教育」から「教育学問」と拡大した時からである。

「教育」の使用

日本では江戸時代までは「育てる」、「仕立てる」、「学問」等が使われており、中国と同様に一般的に「教育」は使用されていなかった。「教育」を政府が初めて公式に用いたのは右の「学制」を廃止して制定した一八七八（明治一一）年の「教育令」であった。「教育令」はその後二度の改正を経て、国家体制を強化する臣民統制の枠組みに体系化されたのである。

英英辞典では動詞で詳しく解説されているが、国語辞典では「教育する」は出ていない。「教育する」との動詞は他動詞であり、必ず主体と客体の二者が無ければ成立しない。「教育する」の主体は一般に〝上位の者〟とされる。その場合、最〝上位〟の組織は政府であろう。

以上のように、明治政府が「学問」に変え「教育」を進めたことが大田堯のいう「教育」が官製語であり、外来語であったという意味であった。

ところが、庶民は「教育令」施行後もそれまでに使われていた「学問」になじんでいた。たとえば、二葉亭四迷の『浮雲』は明治の近代化を嘆いた作品だが、教育を受けていないお勢さんの母親が、お勢さんと結ばれようとしていた大学を卒業しても失業した文三について「フム学問学問とお言いだけれども、立身出世すればこそ学問だ」とお勢さんに言った陰口に表れている。初版が出たのは一八八七（明治二〇）年であった。つまり、一般社会では明治の半ばになっても「教育」ではなく「学問」が使われていたことを示している。もっとも、教育を受けていたお勢さんは母親のことを「ですがネ、教育のない者ばかり責めるわけにもいけませんヨネー」と「教育」を使っている。

第六章に紹介するが、吉田松陰の「学校論」でも「教育」は使用していなかった。それは「学問」であり「学び」であった。

「教育」を誤解して使用しているのは言葉が重要なマスコミにもある。例えば、「教育」として紹介しているが、その意図は「学ぶ　歩む　ここから、先進的な学びを応援する」ことだったり、能力を開発することであることが少なくない。なぜ、「教育」ではなく「学習支援」や「能力保障」の活動と言わないのだろうか。

教育に中立性はない

「教育基本法」第十六条は「教育は、不当な支配に服することなく…行われるべきもの」としているが、この規定で国民のための教育の中立性が保障されることは無い。この規定は為政者の行う教育は正当であり、それに対して他の者が教育を批判するのが不当だとしているに過ぎない。教育を如何にオブラートで包もうとしても、その本質は（より力の強い）権力をもった「他」者が教える事になることを意味するからである。

第三章で紹介するマッカーサー草案を作るとき、ＧＨＱが唯一参考にした「憲法草案要綱」を起草した鈴木安蔵は〝教育に中立性は無い〟と言った。それは、「すべての立場、利害にたいして同じように公平中立普遍的に作用するものではない…。時代々々の一定の国家・社会には、つねに、圧倒的に支配的な利害、世界観が存し、抽象的規定は、主としてそのような利害、世界観、立場において解釈され運用される可能性が多い」からである。「中立」の判断基準は常に為政者が持っている。「現在の教育は中立ではない」と批判すると、為政者は必ず「その考えは偏向教育だ」反論する。これは「教育」の言葉が持つ〝魔力〟としか言いようがない。

「国旗国歌法」でも、審議の時は十分に配慮する、国民に強制しないと言っていたが、施行後の教育界での強制化が問題になっていることは周知の通りである。

『すべての教育は「洗脳」である』（堀江貴文、光文社、二〇一七年）との理解に限定すれば、堀江の定義は「教育」の本質を衝いていると言わざるを得ない。ただ、堀江は「教育」の問題には触れていない。「学校はいらない」というが、それは違う。問題は「教育」にある。学ぶ者が「没頭」できるような興味・関心がある学習支援をすべきなのである。そうして、堀江の唱える「21世紀の脱・学校論」ではなく、「21世紀の脱・教育論」を探求すべきであろう。

なお、教育を批判する立場の中に文部省、または文部官僚を批判する論があるが、これは筋違いである。官僚は憲法・法規を守る立場にあり、憲法・法規に「教育」が規定されていればその「教育」のために施策し、行政に反映することが任務であるからである。このことは文部省と官僚に「教育」という武器を与えたということを意味している。しかも官僚が時の政府の指示に従うのが必然だとすれば、元来中立性がない教育は、「教育」そのものに問題があることが明らかであろう。

「教育」はロボットの製造である

クライン孝子の紹介によると、子弟を日本に留学させたあるドイツ人は「日本には、……人間の行動をマニュアル化することが教育だと思い込んでいる人が多いらしく、人間機械の大量生産に励んでいる」と述べたという。人間機械はロボットであり、ドイツ人の見方によれば、日本の学校ではロボットを製造しているということになる。

日本の学校がロボットの製造所になっている、という理解はドイツ人だけではなく、日本の関係者にもいる。和光学園の丸木政臣は「文部省も教育委員会も、学校も多くの教師たちも、『学力を豊にする』というタテマエで、…『精巧なロボットづくり』に精を出している…」と述べている（『ひと』太郎次郎社、一九九三年一・二月合併号）。

ちなみに、ロボットに仕事を覚えさせるためにプログラムを注入することを「ティーチング」と言う。クラインの紹介と工学者のネーミングは奇しくも一致していると言える。

今日の「教育」は明治中期にわが国で展開が始まった為政者による官製の「教育」である。これは今日では「望ましい姿に変化させ、価値を実現する活動」と理解され、為政者の意図により操れるタレントを造ることとなっている。このような意味から、今日の教育の実態を表す適切な英訳は“production”であろう。ただし、この“production”は今日の教育の政策・制度的概念としてであり、善意による実践の営為を指していない。

このような事から、わが国の特徴だと言われている「集団主義」精神は教育によって形成されている現象と考えれば納得できる。このことが学校における種々の行事やルーティンに現れているのである。「集団主義」とは最近労働界で使用されている「メンバーシップ」という言葉と同義であろう。

このような教育によって権力に縛られる三つの問題として、里見実は「正解信仰」、「競争原理と序列主義」、そして「生徒化」を上げている。「生徒化」とは教師は教えるだけの存在で、生徒は教えられるだけの存在になっており、人間関係として異常だとして「自己解放」が重要だとしている（『学校を非学校化する』太郎次郎社、一九九四年）。教育によりロボットにさせられないための自己解放が必要だと考えるべきであろう。

「教育」が適切な分野は軍隊と企業

このように、「教育」は基本的に為政者の言葉であるとすれば、公的な人間育成の営みには使うべきではないことが分かる。つまり、「学校教育」は最も不適切だと言える。ただ、権力者が配下を教育する場合は教育が妥当な営みであり、言葉としての「教育」が残る営みだろう。

まず、軍隊教育は「教育」が創造された目的に叶った代表的な使用であろう。

次に、「教育」が妥当なのは企業内教育である。つまり、「企業内教育」とは社長の行う教育を部下が受けることである。「企業内教育を受ける権利」を主張できない非正規社員は能力の向上が図られないため、わが国の企業では何時までもメンバーとしての正規社員になれないのである。ただし、近年は「企業内教育」であっても自己啓発や社員の創造性が期待されており、教育だけでは十分でないことが認識されていることも注目すべきである。

ところで、「企業内教育」もドイツ等の企業で仕事を覚えながら職業学校で学習するデュアルシステムのように、社会的貢献として実施されている場合もある。この点もわが国では欠落した視点である。国により「企業内教育」が社会的責任の一端を担って公的な役割として行われていることを理解しなければならない。ただ、その教育は訓練生契約に基づく営みである。

鶴見俊輔の「教育」の再定義は成功していない

ただ、多くの善意の研究者、教師は「教育」を性善説で考え、国民のためになるとして研究、実践しているはずである。国民の多くは国語辞典の「教育」の定義として考えているが、教師という教育の実践者は、目の前に裏切れない子どもたちがいる。例えば、優れた教師の実践として紹介される報道は、「教育」というよりも学習の支援や能力開発の場合がほとんどである。心底から一人ひとりの子どもの成長を願って活動している教師は、「教育」の定義で上から指示される方針との狭間で心身症になっているのが実情であろう。

そのような教師の苦悩を改善するために鶴見俊輔は『教育再定義への試み』（岩波書店、一九九九年）を著している。言葉は時代とともに意味が変化すると言われているが、鶴見は「教育」は変化しないという理解なのであろう。鶴見は「定義をこころみよう。教育は、それぞれの文化の中で生き方をつたえるこころみである。それは、あたらしく生まれてくるものにとっては、まえからくらしている仲間をまねることからはじまる」と述べている。しかし、この定義は『広辞苑』の定義と大同小異ではなかろうか。鶴見は身体の「内部の言語が英語になっている私」だと述べているが、鶴見はeducationの定義については述べていないので、「教育」と同義語と考えているのであろう。

別なところで鶴見は「教育は、連続する過程であり、相互にのりいれをする作業である」と記している。さらに「それぞれの個人の発達を見て、点をつけるのが教育ではないだろう」としている。これらの考えは、先に試みた定義よりもeducation的であり、よりましなようだが、そうすると「教育」という言葉に合わないためか、この説明の箇所では、「定義をこころみる」とは記していない。鶴見の試みは再定義に成功しているとは言えない。

再定義ではなく、新たな言葉への転換を

佐藤学等は『教育の再定義』(岩波書店、二〇一六年)を刊行し、序論として小玉重夫が「今、教育を再定義する意義」を記しているので、大田論の理論的検討が始まったのかと思ったが、そうではなかった。小玉は、戦後教育を三段階に分け、「第三段階は、一九九〇年代後半から二一世紀の今日に至るポスト産業社会、ポスト近代の時代である」として、「今日は、批判されたかつての教育とは異なる意味での教育のあり方を再構築する時代、そういう意味で、教育を再定義する時代」だとしている。しかし、同書では現下の国語辞典の「教育」の定義についての解説もなく、児玉が謳うように「教育の再定義」を意図していない。また佐藤は、「地域のために教育は重要なのだという発想転換が必要」と述べているように、同書は「教育」を否定せず、「ポスト近代の教育のあり方」を述べているに過ぎないのである。これでは、アマゾンのカスタマレビューに「『教育の再定義』はいったいどこにされているのか、読んでもちっともわかりませんでした」と記されても悪意とは言えない。

言葉の再定義は研究者だけでなく誰もが勝手にできるわけではない。それが可能になったら、言語

として成り立たないであろう。言葉の再定義は為政者がプロパガンダとしてよく用いる手法である。最近も集団的自衛権を行使する理由として戦闘を「衝突」と言ったり、武器輸出を「防衛装備移転」と言ったりして言葉を勝手に創っていることは逆の意味で言葉の再定義であり、そこに込められた意味は継承されて単に言葉を換える〝偽装〟である。このような言葉遊びは為政者のなす常套手段である。「教育の再定義」ではなく、少なくない学会が因習的用語を別の用語に転換しているように、「教育」も他の用語へ転換すべきであろう。

永六輔は『教育をどうする』への執筆を請われて「『教育』は良くない」を談話寄稿し、「まず『教育』にかわる言葉をつくるべきです。『教育』よりましだと思って使う言葉に、『学習』という言葉があると思います。…『どうする』と大上段になる前に、『教育』という言葉のもっている悪い点について、学習した方がいいと思います」と述べている。永は三一六人の寄稿者の中でただ一人「教育」を否定していたが、極めて明快である。

一般に現実や実態が言葉を創ってきたが、「教育」は逆にコトバによって現実が創られている最たるものだと考える。この問題を永は鋭く見抜いていたのである。

三、educationを「教育」とした誤訳

日本人が、明治時代以降に欧米の技術・知識を取り入れるために、先進国の言葉を訳して（和製）漢字で表現した。それらは日本の漢語訳であり、意訳なので元の欧米語の感覚とはずれることになる

が、ほとんどの言葉はニュアンスの差であろう。ところが、「教育」とeducationは例外である。「教育」は教えることであるが、educationの定義は能力のto developedやdevelopingである。「教えること」と能力を「開発すること」とは真逆の意味であり、営みである。その能力には職業の概念が入っている。すると、英語文献のeducationを「教育」と訳すことは誤りになる。逆も同じだ。意味の異なるeducationと「教育」を日本人は疑いなく同意語だとして利用してきた。この疑問を解かねばならない。

大田堯の「教育」の誤訳論

先に紹介したように大田堯は「教育」にeducationをあてたことは「誤訳」であったと記している。しかし、それではeducationの訳は何が適切であるのか、「教育」は何が良いかを大田は論じていない。本節ではこのことの問題点を明らかにして見たい。

わが国の英語教育の誤ち

educationは「教育」の訳語として知られている。二〇〇八（平成二〇）年の学習指導要領では単語を明記していないので、二〇一五（平成二七）年文部科学省検定済みの現行中学校英語教科書の状況を見ると、六社の発行の内、二社の三年生用の教科書にeducationが採用されている。

なお、二〇一二（平成二四～二六）年度検定済み現行高等学校用英語教科書の「コミュニケーション」を見ると、一二社二五種の教科書Ⅰ、Ⅱ、Ⅲ（二〇一六年春三社未発行）の中でeducationまたはその変形単語を記載しているのは一二種ある。ただ、記載していない教科書でeducationは中学校での「既習」単語としているのが四種ある。つまり、義務教育段階でeducationを習得していることが共通認識になっているといえる。

これらの教科書でeducationは「教育」だと指導していることを誰も疑わない。なぜなら、わが国の英和辞典ではeducationを「教育」とし、和英辞典での「教育」はeducationとしているからである。ただ、これらは日本人の編集による辞書である。

educationは能力の開発である

educationの定義の一例として、数えきれぬほどの版を重ね世界中で利用されており、ジョン万次郎が福沢諭吉に勧めたというウェブスターを見てみよう。その一つ"Webster's New World College Dictionary", 1997. はeducationを次のように定義している。

1．特に形式的スクーリング、指導、trainingによって、知識、skill、心、特質等をtrainingする事やdevelopingする過程　2．知識やabilityをdevelopedすること　3 a）学習の施設における形式的スクーリング　b）{高等学校education}のような段階　4．指導と学習の方法の理論についての体系的研究

ウェブスターのみでなく、他の英英辞典を見ても類似した一定の法則が認められる。それは、educationとは能力のdevelopmentであり、能力として必ず職業に関する用語が入っていることである。そ

して"training"と同義的に定義していることである。

なお、ポケット版の"Webster's New World Dictionary", 1994. は次のように定義している。

ed'uca'tion n. 1 the process of educating; teaching 2 knowledge, etc. thus developed 3 formal schooling

右の定義では動詞が分からないと不明なので動詞を見ると次のようになっている。

educate vt. 1 to develop the knowledge, skill, or character of, esp. by formal schooling; teach 2 to pay for the schooling of

ちなみに、『ランダムハウス辞典』では「1．教授、指導またはスクーリングによって（人の）力と能力を開発すること。2．指導または訓練によって特定の職業（天職）、仕事などの資格を得ること（訓練すること：法のために人をeducateすること）」としている。

このように、英英辞典のeducationは国語辞典の「教育」の定義とは全く反対の能力を「開発すること」になっている。それも職業の能力開発だとしている。

「教育」と「開発」の差異

「教育」と「開発」とはどのような関係だろうか。それは「教育する」と「開発する」のように動詞にするとその差異が明確になる。「教育する」とはある知識等を相手に教え込むことである。しかし、「開発する」とは相手に潜む能力を引き出すことである。それらの作用の方向は逆であることが分かる。また、「教育する」には知識等を教える何らかの目的物が事前に明確になっていなければならないが、「開発する」ことは、何があるか分からない相手の身体に潜む何らかの能力を引き出すことである。

ただ、右の場合は他動詞としての比較である。他動詞には目的語と副詞が必ず要るが、「教育する」の目的語は「教育内容」である。ところが、「開発する」には自動詞もある。自動詞とは主語自体に作用が留まり、第三者はいない。開発することは、何が引き出されるか分からないものであり、本人も理解していないものかもしれないのである。

しかし、「教育する」には自動詞はない。従って「教育する」は他動的であるほかないため、ここに、「教育」の根本問題が潜在していると言える。先に紹介したロボットに仕事を覚えさせた「ティーチング」によりロボットはその記憶させられたプログラムにより仕事をしているが、そこには自らの判断はなく、ただ命令された通りに動いているだけである。「教育」はこのティーチングと同じ事になる可能性があるのである。

追記すれば、孟子の言葉だが、技能は教えられない。技能は体験をして自らの五感で修得しなければ身に付かないのであり、教育では不可能なのである。

ルソーの"éducation négative"を「消極教育」では理解できない

さて、近代の庶民の育成について論じた初期の作品としてフランスの哲学者ジャン・ジャック・ルソーの『エミール』（一七六二年）がある。ここでルソーは「わたしはどうしてもエミールになにか職業を学ばせることにしたい」としているが、しかし、その目的は「私たちは職人修業をしているのではなく、人間修業をしているのだ」と位置付けて考えている。

同書でルソーは「エデュカシオン・ネガティーヴ」"éducation négative"を用いているが、日本ではこれを「消極教育」と訳している。しかし、「消極教育」ではどのようなことを意味するのか全く分からない。この疑問は永らく検討されてこなかった。

この問題に関し元木健は以下のように解説している。つまり、当時の教育は貴族のための教育であり、貴族の教育は堕落しており、このような教育は庶民に対してはむしろやらない方が良い。額に汗して働く農民、あるいはモノを作る職人として育てるためには、その経験を〝正しい教育〟の手段としてルソーは重視したからである。このことが正にルソーの主張だったのであり正しい訳は「非教育」だったといえる。"éducation négative"は「非教育」と訳すべきだ、との元木の主張（「人間形成の根底と職業人育成のあり方とは」、『非「教育」の論理』）は極めて明解である。

関連して不明な言葉に、近年教育界で「自己教育」が使用されている。これは"own education"の直訳と考えられるが、「教育」の定義からしても、また「教育する」という動詞からしても日本語としてあり得ない用語であると言わざるを得ない。ただ、英語では自分自身の能力を開発することは努力して自己を高めることであり、理解できよう。

educationを「教育」として固執すると、日本語としては奇異な言葉が次々に出てくる。「教育」という語が元々健常者に用いても不適であるのに、「障害児・者教育」は適切ではないことは明らかである。最近は「障がい者を支援する」というフレーズがよく使われるが、これは良いとして、「障害児・者教育」を発展させて「教育支援」という言葉まで出てきた。障がい者のための「教育支援」とは何を意味しているのであろうか。おそらく、英語の“educational support”の直訳なのだろう。「学習支援」ならわかるが、「教育支援」は全く意味が分からない。

以上のように、educationと「教育」は全く異なった概念の言葉である。このことに関し、講義の感想に「“physical education”がなぜ体育なのか今まで疑問に思っていたが、educationの意味を聞いてなるほどと思った」と記した学生がいたのだった。

ヘボンは同定していなかった

江戸末期からの英和辞書は、中国で発行されていた英漢辞書の翻訳であり、わが国の言葉との直接的な訳を試みたのはローマ字を開発したヘボンであった。ヘボンは横浜で診療をしながら社会で使用されている日本語を蒐集し、三度にわたり『和英語林集成』（英和も同編）を出したが、初版（一八六七〈慶應三〉年）には「教育」もeducationも選んでいなかった。第二版（一八七二〈明治五〉年）と三版（一八八六〈明治一九〉年）では「教育」が選ばれていたが、他の日本語には無い言葉の意味である「*oshye, sodateru*」をローマ字で付記した後に、「Instruction, education」としていた。「教育」の意味を記していたことは、当時は「教育」の言葉が一般社会で使用されていなかったことを示している。

また、educationは第二版では「Kiyoju, Kyokun, shi-tate」としており、「教育」の意を示していなかった。そして第三版で「Kiyoju, Kyokun, shi-tate, kyo-iku」として「教育」も最後に加えていた。educationの日本語としてようやく明治の十年代後半に「教育」が当てられたことを意味しているが、それも「教授」、「教訓」、「仕立て」の次の第四位の語意としてであり、今日のような直接的な訳語ではなかったことが分かる。

しかし、「文学」は「Learning to read, pursuing literary studies, especially the Chinese」、「学問」は「Learning, literature, science」と初版より掲載していた。

ヘボンの辞書に見るように、今日のようにeducation＝「教育」という理解は明治初期にはなかったことが分かる。そして、今日の「教育」に類似した意味としては、「教授」、「仕立て」であった。「教育」がわが国の国民に普及するのは明治も二〇年代以降である。

明治初期の日本人が編集した各種辞典をみてもヘボンの辞書と同様に、今日のように「教育」とeducationを同定している辞書は少なく、同定されるのは明治も二〇年後半になってからである。また、「教育」を取り上げていない和英辞典が明治三〇年代初めまであったことは、世間には「教育」が浸透していなかったことを示している。

中国ではeducationは「文学」だった

一八八五（明治一八）年に初代文部大臣となる森有礼は、一八七一（明治四）年にはアメリカの公使であったが、アメリカの学者や知識人から集めた人材育成に関する意見を纏めて"EDUCATION IN JAPAN"

を一八七一（明治四）年にアメリカで発行した。同書の訳はわが国では一冊本で刊行されたものはない。

ところで中国は、一八九六年に廣學會が『文学興国策』を刊行した。タイトルだけをみると『文学興国策』と“EDUCATION IN JAPAN”とは関係ないように思われるが、『文学興国策』の扉には「此書爲日本前任駐美公使森君殷殷訪問而得之」と記されている。『文学興国策』は“EDUCATION IN JAPAN”の訳本だったのである。日清戦争に敗れた中国が日本の近代化した文化を学ぼうとして多量の日本人の文献を訳した中の一冊であった。

中国の訳にみるように、当時、中国ではeducationを「文学」としていたのである。このことは第一章で紹介するように、日本でも寺子屋で学ぶことを「文学」としていたことと同様であった。なお、中国は『文学兴国策』を「近代文献丛刊」として二〇〇二年に上海書店出版社より復刻している。その奥付けには「（日）森有礼編」と記されている。

ちなみに、『孟子』を翻訳し一九七〇年に“Mencius”を出版したD・C・ラウは、『孟子』の「教育」部分の英訳をeducationではなく、“He has the good fortune of having the most talented pupils in the Empire.”と訳している。D・C・ラウは「教育」をeducationと考えなかったのである。

また、『孟子』で「君子之所以教五」と記している部分は、日本語訳の小林勝人は「君子がひとを教育する方法は五とおりある」としているが、D・C・ラウは“A gentleman teaches in five ways …”としている。D・C・ラウは「教」をeducationと考えなかったのである。

福沢諭吉の「発育」論

ところで、「教育」の問題について福沢諭吉は警鐘を鳴らしていた。福沢は一八八九（明治二二）年に「学校は人に物を教うる所にあらず、ただその天資の発達を妨げずしてよくこれを発育するための具なり。教育の文字ははなはだ穏当ならず、よろしくこれを発育と称すべきなり。かくの如く学校の本旨はいわゆる教育にあらずして、能力の発育にあり……。我が国教育の仕組はまったくこの旨に違えりといわざるをえず」と主張した。

なお、ウェブスター辞書がeducationを"development"により定義した最初は一八五二年版である。福沢が渡米したのは一八六〇年であり、翌年にはヨーロッパにも渡っている。福沢は帰国時には多くの書物を買い、特に辞書を重視していたとのことであるから、educationが"development"として定義されていたことを知っており、「発育」は"development"の意味を表すために創造したと思われる。

翌年下賜される「教育勅語」下での福沢の主張と「発育」論の無視はやむを得ないと思われるが、戦後改革の時に想起されなかったのは残念であり、そのつけが今日の教育に至ったと言える。

ところで、近年中国では「教学」という文字をeducationと訳していることがある。わが国では「教育」とeducationを同義としたままであることと対照的である。

ポー会議の「現代学校憲章」

第六章一節に詳述するが、C・フレネの実践と研究を継承発展させるために一九六八年八月に開催されたポー大会で「現代学校憲章」が満場一致で採択された。その第一項の宣言は次のようになっている。

(1) 教育とは（子どもの人格や能力を）開花させることであり、高めることであり、知識の伝達、調教、あるいは条件づけではない。

この精神で、われわれは仕事の技術や道具、組織化や生活の方法を学校や社会の枠内で探究するであろう。こうしてこそ、この開花や高揚は可能となろう。（以下略）

右の「教育」は“education”であろう。宣言に見るように、現代のフランスにおける教育実践家と研究者の「教育」の定義は英英辞典の定義と同じである。仕事や技術を学校で研究するとの考え方はその「教育」の内容を指摘している。

最後の一〇番目は「フレネ研究法は本質的に国際的なものである」としている。このように、フレネの実践研究はひとりフランスの方法だけではなく、真に「現代」の課題として考究されるべきである。このような運動と相まって、同年にフランスでは初等・中等教育の改革が始まっている。

第一項の「調教、あるいは条件づけではない」については、第二項の標題に「われわれはあらゆる教化的教育（endoctrinement）に反対する」と明確に宣言されていることに連動する（セレスタン・フレネ：宮ヶ谷徳三著訳『仕事の教育』、明治図書出版、一九八六年）。

第二章に紹介するように、戦前の教育は教化と紙一重であったが、このことが戦後に払拭されているのかを吟味しなければならないといえよう。

四、「教育」とeducationを同定した〝教育勅語官定英訳〟

今日、「教育」とeducationを同定して使用している発端は、一八九〇(明治二三)年に下賜(天皇より臣民に与えられたもの)された「教育勅語」が関係していた。

「教育勅語」制定の意図

ところで、「教育勅語」は地方長官会議で学生の精神教育のために徳育に関する勅語下賜の依頼を受けて出されたもので、勅語はいわゆる「教育」の内容でないことが明らかである。第二章に紹介するが、教部省による神道支配に抵抗してきた文部省は「教育勅語」により独自の神道精神の教義を得たのであった。文部省がその後の教育策に「教育勅語」を〝現人神の言葉〟として利用し、国民の教化に用いたのは周知の通りである。

文部省は勅語が出された翌日に勅語の奉読を学校で進めるように、「勅語奉体に関する文部大臣訓示」を出したが、元来タイトルのない、忠君愛国主義の徳育を説いた勅語を以後「教育に関する勅語」、「教育勅語」と呼ぶようにした。学校では「教育勅語」の暗唱と清書指導が行われ、学校間での競争も行われた。こうして「教育勅語」の普及が図られ、「教育」も浸透した。それは〝弱小〟文部省の強化策としての〝宝典〟としても極めて有効であった。福沢諭吉でさえ、「教育勅語」下賜以後は「教育」を批判していないのである。

「教育勅語官定英訳」の必要性

英語教師は「教育勅語」を教材として英訳に努めた。しかし、日本語としても難解な勅語の訳は困難であり、国内には無数の訳文があふれた。この状況を正すために、文部省は菊池大麿による官定英訳教育勅語を一九〇七（明治四〇）年に定めた。

官定英訳も当初にはタイトルは付けられていなかった。しかし、二年後に"THE IMPERIAL RESCRIPT ON EDUCATION"と付けたのである。ここに、官定としての「教育」とeducationの同定が行われたのである。以後、英文学者も、教育研究者もその差異について異論を述べることはできず、今日の日本人の編集になる英和、和英辞典の定義に連なっているのである。

ところが、官定英訳の発表以後も、事態を知っている外国特派員は、政府の発表のままに記事を送っていない。例えば、"Japan Weekly Mail"誌は、タイトルは菊池のままに記したが、本文中にはeducationを用いずに紹介している。同紙の記者は「教育勅語」の内容はeducationではないという理解をしていたことが推測される。

「教育勅語官定英訳」はその後の英語教育だけではなく、わが国の人間育成策を誤らせることになったのである。

五、若者の労働過程の学習が発達したイギリスの学校

さて、エンゲルスの「猿が人間になるについての労働の役割」の論文の発表は一八七六年であり、

ダーウィンの『種の起源』が発表された一八五九年の一七年後であった。また、“WEBSTER”がeducationの能力として“Calling”や“Skill”を当てて定義したのは一八六四年版である。

ところで、イギリスにおける庶民の学校が設立されたのは資本主義の勃興期と同時に「徒弟法」、「救貧法」によるワークハウス・スクールの延長として考えられ、そして、さらに「工場法」を経て発展した一八六一年であった。時は明治維新の七年前である。右の発展過程からイギリスの学校は子どもの労働と学習問題の発展過程として成立した、と言えるだろう。つまり、庶民の学校は働くことと深く関わっていたのであった（佐々木輝雄『技術教育の成立』、昭和六二年）。イギリスの庶民の学校は、若者が働き、職業能力を身に付ける制度が発展して成立したと言える。このように、近代的学校は労働の過程で学ぶ事が発展したのである。

ところが、資本主義化の後進国として設立されたわが国の人材育成策はイギリスの法令の発達順とは逆になっていた。わが国もイギリスを見倣い「工場法」を整備したが、学校制度が整備されたイギリスより一〇〇年以上遅れてようやく一九一一（明治四四）年に制定された。徒弟制の法令化はさらに遅れて一九一六（大正五）年であった。既に立身出世が学校教育によって成功するという観念が庶民にも定着した後の徒弟制度（親方に弟子入りし、仕事を手伝いながら仕事を学ぶ制度）の整備は、立身出世とは無関係な制度であると認識されるのは当然である。

このような、education（教育法）と「工場法」（徒弟制）の整備順の逆転がイギリス等のeducationの観念とわが国の「教育」の観念の違いとなって形成されたと言える。つまり、制度とその効能の国民への浸透が国民の観念を形成するからである。

職業資格と学歴資格の統合の経過

近年、ヨーロッパ諸国では職業資格と学歴資格を統合する政策が様々に試みられている。このような再編は新たな人間形成のあり方の基盤として必要であろう。

その始まりは、イギリスが一九八六年に学歴資格と職業資格とを統合するための国家職業資格制度（NVQ: National Vocational Qualification）の整備からである。この制度の実効性を高めるためにメジャー首相は一九九五年に教育省と雇用省を教育・雇用省（DfEE: Department for Education and Employment）に統合した。わが国で文部省と労働省を統合する、と言えば理解出来ない人が多いであろうが、しかし、educationは「能力開発」であり、能力には職業能力を含むと考えれば教育・雇用省の意味が理解できる。そして、二〇〇一年に労働党のブレア首相は教育・職業技能省（DfES: Department for Education and Skills）に再編したことが参考になる。これをわが国では教育技能省とそのまま直訳しているが、当時、イギリスの大使館は「教育職業技能省」と記し、Skillを職業能力の意味として明確に示していた。

その過程で「現代徒弟制」（Modern Apprenticeship）として新たな労働能力の養成制度を再構築していたが、二一世紀に入り「Modern」を外して単に「徒弟制」のみにしている。

その後、ブラウン首相が二〇〇七年に技術革新・大学・技能省（DfIUS: Department for Innovation, University and Skills）と子ども・学校・家庭省（DfCSF: Department for Children, Schools and Families）の年齢段階に二分した。さらに、二〇一〇年のキャメロン首相の下でDfCSFは教育省となったが、元の組織に戻ったのではないことが分かる。このとき、DfIUSはビジネス・イノベーション・技能省（DfBIS: Department for Business, Innovation and Skills）になった。

二〇一六年、イギリスはＥＵから離脱することを国民投票で決して誕生したメイ首相は、DfBISをエネルギー・気候変動省（DfECC: Depetment for Energy and Climate Change）と統合しビジネス・エネルギー・産業戦略省（DfBEIS: Department for Business, Energy and Industrial Stratregy）に再編した。このような動きとは関係なくＥＵ域内ではイギリスの「国家職業資格」の枠組みの理念が共通になるように、各国で伝統的な人材育成の方式の改革を検討・実施されている。

以上のような状況に対し、わが国では職業資格が社会的に十分に浸透しないことが知られている。このことに関して労働経済学の野村正實は、わが国では職業資格社会にならなかった理由として、教育資格に対し職業資格が「下方」に向かわなかったからだ、としている（『学歴主義と労働社会』、ミネルヴァ書房、二〇一四年）。つまり、学歴資格が上方に発展し、それに国民も志向して学歴社会が発展したからだと言える。このことは欧州で近年追求されている学歴資格と職業資格の統合がわが国では極めて困難なことを予測させる。

ところで、イギリスの改革は保守党であっても労働党であっても一貫して職業資格枠組みが追及されてきた。日本の民主党（現民進党）は労働組合の支持を受けているが、政権を取ったときには「事業仕分け」と称して職業能力開発や様々な職業関連業務を縮小・廃止した。わが国では労働組合に近しい政権が職業政策を軽視したのである。この差異はどこから来るのだろうか。

その差異は、やはりeducationの概念で人材育成問題を考えるか、「教育」で考えるかの差であると言えよう。如何に大学を出た「民主的」政治家であっても日本の政治家は「教育」の概念を超えた理解ができないことを示している。

以上のように、欧米の論文、紹介でeducationを「教育」と直訳したのでは彼の国の本質が理解できないことを意味している。同様に、わが国の教育をeducationと訳せば、彼の国の人達は自分たちの概念と同じだと思い込む誤解が発生すると言える。

六、職業尊重の欧米諸国の学校制度

極めておおざっぱに分類すると、学校制度は企業型、学校型、混合型の三種になる。欧米の学校がよく日本と対比されるので、代表的な国の状況をみてみよう。

ドイツの学校制度

あらゆる面で良く比較されるドイツは企業型であり、日本は学校型である。ドイツの学校制度は図のようになっている（佐々木英一「ドイツ」、平成二三年度文部科学省委託『諸外国における後期中等教育後の教育機関における職業教育の現状に関する調査研究』、平成二四年三月）。

企業型を象徴的に現すのは図のデュアルシステムである。デュアルシステムとは、企業内で仕事をしている（一部実習がある企業もある）訓練契約を結んだ生徒が併行して一定の学習を職業学校で受けるという二足の草鞋をはく制度のことである。この場合の職業学校は義務であり、実質一八歳までが義務教育制となっている。このデュアルシステムには同年代の多くが学んでおり、デュアルシステムと他の全日制職業教育学校を合わせると中等学校期に三分の二の若者が直接に職業に関して勉学して

ドイツの人材育成システム

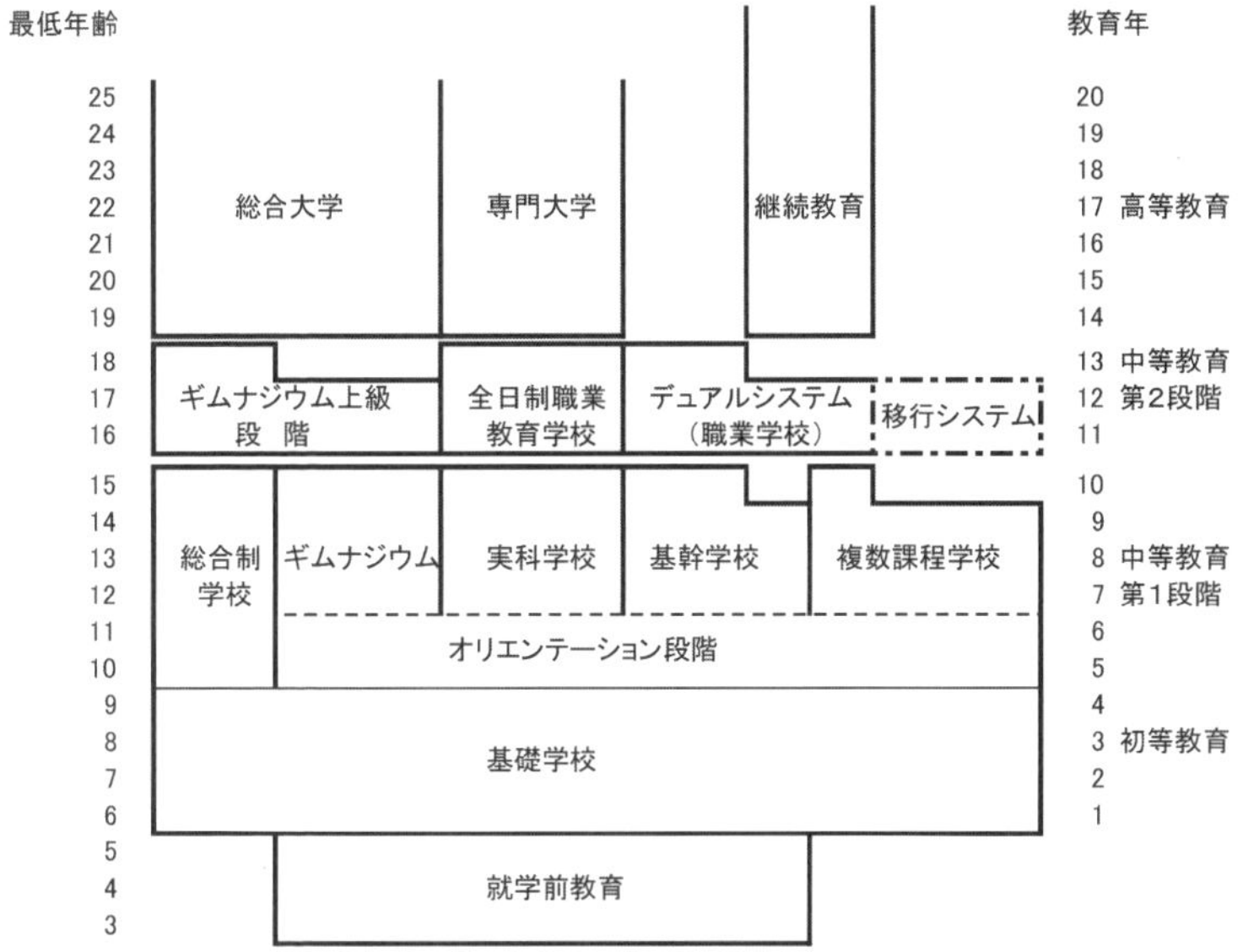

出典：佐々木英一「ドイツ」の学校制度図に（職業学校）と「移行システム」を追加した。

いることになる。

図のようなドイツの学校制度について「早い段階で進路を決めるのは将来の可能性を狭める」とわが国ではよく批判されるが、このことは実態を熟知しない、そして徒弟制度は封建的だとの観念に囚われている人の整理である。つまり、矢印がないが、学校間の移動は第七学年以降も可能だからである。少なくないヨーロッパ諸国では進学校から就職が容易な職業学校・デュアルシステムへの編入がよく見られるのである。むしろ、わが国では普通高校生は退学してしまうのが多いのではなかろうか。

なお、ドイツでは職業資格を取得できないと就職が極めて困難なため、様々な支援システムが整備されている。「移行システム」とは、州によっては義務ではないが、デュアルシステムの訓練生として企業との契約を結べない者、進学もしない者のために、補修学習を支援する制度の事である。

一〇年ほど前から、わが国でもデュアルシステムを模倣し、「日本版デュアルシステム」を進めている。職業訓練校では企業の現実にあわせているため、就職を目的とする訓練生にとっては良い経験となり、好評である（「日本版デュアルシステムの試行状況」、『産学教育学研究』、二〇〇六年一月）。しかし、高校では学習指導要領が前提になっており、教師も現場実習を忌避する姿勢があるため、上手く行っている学校は多くない。小手先の制度いじりだけでなく、教育観、職業観の改革が先ず必要だといえる。それは生徒の意識だけでなく、社会の労働理念の問題でもあろう。つまり、「デュアルシステム」とは言っても、言葉だけを模倣するだけでは見倣ったことにはならないからである。

また、「継続教育」は在職者が学ぶ制度である。「継続教育」は例えば熟練工がテクニシャンやマイスターの資格を取るためのようなコースが多い。わが国では生涯学習として紹介されるためカルチャーセンター的な内容がイメージされるが、元来は働く人達のための補習制度である。わが国の企業から言えば社員教育であり、政府からみれば在職者訓練がこれに入る。

ただ、近年ではドイツでも大学進学が漸増していることに対応して、中等学校段階だけではなく、高等教育段階でのデュアル大学も検討・創設されていることが注目される。このデュアル大学は、インターン・シップを単位として認めるインターン制度の発展として捉えることもできる。元来、インターン・シップとは現場実習のことだった。分かり易い日本語をあえてカタカナを用いて本来の言葉の意義の本質を隠蔽するのは教育制度だけではないがわが国の官僚制度の常套手段のようである。

以上のようなドイツの学校制度には実業界や現場がデュアルシステムに深く関わっている。各レベルの職業資格の修了試験の内容の決定に際しても、政労使の三者で協議することが通常である。ここでは現場の意見が反映される仕組みになっており、学校修了後の労働との関係が密接になることが分かる。

フィンランドの学校制度と労働経験

北欧の〝福祉国家〟として名高いフィンランドをみてみよう。フィンランドは学校型に分類できるが、学校制度は図（次ページ）のようになっている。

わが国との大きな違いは、小中一貫校として整備されていることである。わが国では進学目的の中高一貫学校であるが、フィンランドでは基礎学習が重視されていることがわかる。特に、フィンランドは中学校一〇学年段階で一年間の「任意補習年」がある。わが国では〝落第〟として拒否されるが、ここで基礎能力の完全な保障が図られている。なお、わが国でも小学校と中学校を統合した「義務教育学校」が二〇一七年度より整備されるようであるが、わが国では近年の少子化に伴い統合・合併という合理化による再編が背景にあるようである。発想はかなり異なるが、基礎能力の向上に繋がるように期待したい。

そして、「基礎教育」段階以降は全て「資格」として格付けされ、職業資格も同等に示されていることである。また、「一般高等学校」に対置された「職業施設」の多くは職業高校であるが、ここで徒弟制度としても利用可能としている特徴がある。また、「応用科学大学」とは実体的にはわが国のポリテ

フィンランドの教育制度

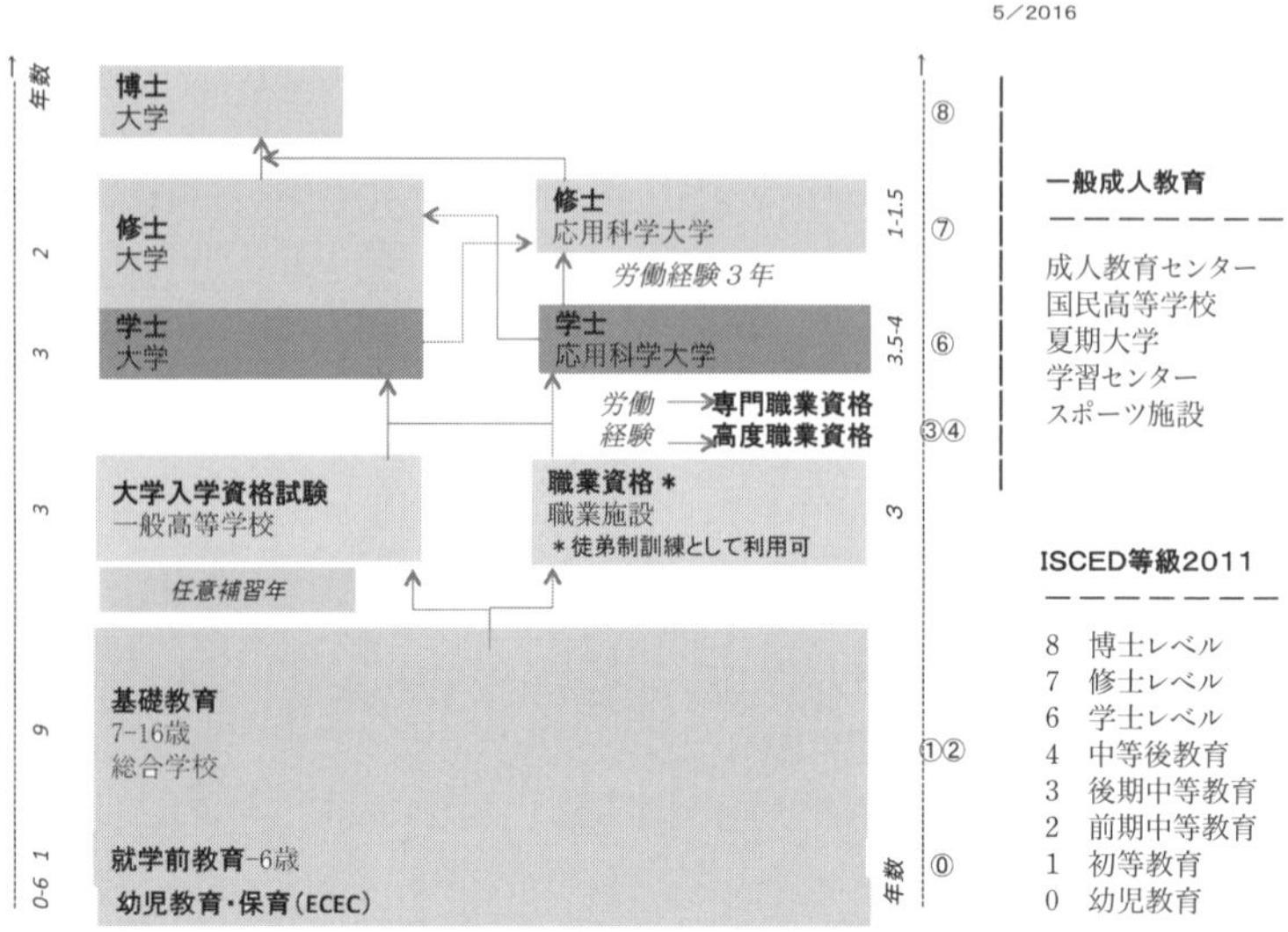

フィンランド教育文化省のホームページより。

クカレッジ（独立行政法人高齢・障害・雇用支援機構：職業能力開発大学校）である。

そして、矢印に表れているように、一般学校と職業学校とが相互に編入を認め合っている。より高度な職業資格は労働経験とのサンドイッチシステムにもなっており、資格取得者は最終的に大学院にも編入できることになっている。このような学校・職業資格学習が全て無料で自由に修学できる制度になっている。若者の段階から国民の格差をなくす制度になっており、人間育成が有効に機能している事を示していると言えよう。

同じ学校型といってもわが国とフィンランドは全く異なることが分かる。

外国の学校制度だけでページを割くわけにはいかないが、ドイツ、フィンランドの例が示すように、欧米の多くの国はわが国のように学校制度と職業訓練制度が分離されていず、極めて融合的に整備されている。

ドイツ等の学校と職場の学習が並立していることを「並列型」と呼び、わが国の制度を「重ね持ち型」と指摘した宗像元介の整理（『職人と現代産業』、技術と人間、一九九六年）は、彼我の差異についての特徴を明快に指摘している。

このように、学校と職業訓練が融合している背景は「教育」と職業訓練についての国際的規程における定義が関連すると思われる。

ＩＬＯの「職業訓練に関する勧告」の定義

最も歴史ある国際的組織としては戦前の一九一九（大正八）年に設立された国際労働機関（ＩＬＯ）がある。ＩＬＯは第一次世界大戦後の国際的不況の下で、労働者の労働条件と生活水準の改善を目的に設立され、第一回総会で「失業に関する条約」（第二号）を採択し、わが国が一九二一（大正一〇）年に制定した「職業紹介法」（現「職業安定法」）のモデルとなっている。

そして、ＩＬＯは一九三九（昭和一四）年に「職業訓練に関する勧告」（第五七号）を出したが、冒頭の「定義」では次のように記されている。

（a）「職業訓練」と称するのは、技術的又は職業的知識を習得し又は向上させることができるすべての訓練方法をいい、訓練が学校において施されると作業場において施されるとを問わない。
（b）「技術及び職業教育」と称するのは、職業訓練のために学校において施されるすべての程度の理論的及び実地的教育をいう。

このようにＩＬＯの勧告は、職業訓練を学校教育の上位概念としている。技術教育、職業教育は職業訓練のためとしている。なお、(c)では徒弟制度は職業のために訓練を約束する制度としている。

その後ＩＬＯの職業訓練に関する勧告は時代に合わせ新たなものが出されるが、今日までその基調に変化はない。例えば、一九七五(昭和五〇)年の「人的資源の開発における職業指導及び職業訓練に関する条約」(第一四二号)は次のよう規定している。

第1条　1　加盟国は、特に公共職業安定組織を通じて雇用と密接に関係付けられる職業指導及び職業訓練に関する包括的なかつ調整された政策及び計画を採用し、及び発展させる。(2～5略)

第2条　加盟国は、前条に定める目的のため、一般教育、技術教育、職業教育、教育指導、職業指導及び職業訓練(これらの活動が学校教育の制度の下で行われるものであるかないかを問わない。)に関する開放的、弾力的かつ補完的な制度を設け、及び発展させる。

第2条のカッコの中の注記は見過ごされやすいが重要な意味を持っている。つまり、一般教育から職業訓練までが学校で行われようが、どこで行われようが変わらないと言う第五七号勧告を引き継いでいることが分かる。

ユネスコの「技術教育に関する条約」の定義

ユネスコは国際連合の教育文化組織として一九四五（昭和二〇）年に設立された。技術教育、職業教育について、一九六二（昭和三七）年にユネスコが採択した「技術・職業教育に関する勧告」は、その前文で「国際労働機関の総会が、その第四六回会期において、職業訓練に関する勧告を採択したことに注意し、一九六二年一二月一一日にこの勧告を採択する」として、ユネスコの技術教育に関する勧告がＩＬＯの勧告と矛盾せず、連携して目的を達成することを前提にしている。そして、ＩＯの「範囲及び定義」は「この勧告は、工業、農業、商業およびこれに関連する業務の分野で、職業的訓練を与えるために学校またはその他の教育機関で提供されるすべての形態の教育に適用される。」の定義から始まっている。

技術教育に関する勧告も変化するが、一九八九（平成元）年に採択された「技術教育及び職業教育に関する条約」は「ユネスコとＩＬＯとが、調和のとれた目標を追求するため」として、次のように始まっている（傍線引用者）。

第1条　締約国は、次の事項について合意する。

(a)この条約において、「技術教育及び職業教育」とは、一般的知識に加えて、テクノロジー及びこれに関連する科学の学習、並びに、経済的及び社会的生活の種々の部門の業務に関する実際的技能、実用的方法、態度及び理解力の獲得を含むすべての形態及び段階の教育過程をいう。

(b)この条約は、教育機関において行なわれる、又は、一方での教育機関と他方での工業、農業、商業若しくは労働の世界に関連するその他の事業とが共同して組織した連携制のプログラムを通じて行なわれる、すべての形態及び段階の技術教育及び職業教育に適用される。

右の条約の傍線部分は、先のＩＬＯの条約と類似した説明になっている。特に「すべての形態及び段階」は一九六二年のユネスコの勧告と同様に、学校教育と職場の職業訓練を意味している。

ＩＬＯとユネスコの勧告・条約に見るように、職業訓練は独自の意義を認められていることが分かる。それはわが国の通念のように「教育の中に職業訓練が含まれる」のではなく、むしろ逆の位置づけであり、教育は労働を保障する職業訓練のための基礎的学習であるということが確認されているのである。

ＯＥＣＤの日本への提言

先進国を中心に組織されている経済協力開発機構（ＯＥＣＤ）は第二次大戦の戦勝国を中心に組織され、日本は一九六四（昭和三九）年に参加を認められた。条約に次の規定がある。

第二条　加盟国は、第一条の諸目的を達成するため、次のことに同意する。
（a）個個に、及び共同して、自国の経済的資源の効果的利用を促進すること。
（b）科学及び技術の分野において、個個に、及び共同して、自国の資源の開発を促進し、研究を奨励し、かつ、職業訓練を促進すること。（以下略）

右のように、経済政策の対策として、その2番目に職業訓練の促進を掲げているように、ＯＥＣＤは職業訓練政策を重視しているが、しかし、教育については明文化されていない。ＯＥＣＤは毎年その年に重視する調査研究の報告書を数多く出している。その中で代表的な出版物がロジェ・グレゴワールの『欧米の職業教育・訓練』（日刊労働通信社、一九六九〈昭和四四〉年）である。

ＯＥＣＤは二〇〇二年と二〇〇五年に「対日経済審査報告書」を提出し、前者では「政府は、（新しい）需要に対応する新しい訓練、教育機関の創設を促進しなくてはならない。…職業訓練の為の個人勘定あるいはバウチャーといった類の制度が有用であろう」とし、後者では「若年層の間の高い失業率に対処する必要がある。…政府は…、若年層の雇用の可能性を高めるためには、若年層を対象とした職業訓練プログラムを改善することが重要である」と提言していた。

ＩＬＯもユネスコもそしてＯＥＣＤもeducationと職業訓練を一体的に捉えて相互の発展を意図している。特にＯＥＣＤは、時々の日本の課題を的確に提言していることが注目される。

しかし、わが国の「教育」は、このような国際的な方向とは異なっている。国際社会ではeducationにより論じられるが、わが国はそのような概念ではない「教育」をeducationと思い込んでいる。世界の人々の理解と共通する言葉を再設定すべきであろう。

第一章 「教えること」と「学ぶこと」
――明治以前の人間育成の確立と分化

わが国の近代化が始まった明治維新の社会は江戸時代と異なる社会に直ちになったわけではない。明治の社会は江戸時代から繋がっている。学校に関連すること、人間育成に関する課題も当然に江戸時代の状況を引き継いでいる。江戸時代の人間育成はどのように成立したのか、また既に形成されている階層別の制度がどのように整備されたのかを本章では確認し、その意義を整理しておきたい。

「作場を起し之れを學校に連接するに若かずと。船匠・銅工・製薬・治革の工、凡そ寸技尺能ある者、要は皆宜しく治事斎に屬すべし。」

（吉田松陰「学校の論　附作場」、一八五八年）

一、「学ぶこと」は「まねること」

人間社会の発達はヒトが二足歩行で歩き始めた時から始まっている。その重要な要因は、エンゲルスが唱えた「猿が人間になるについての労働の役割」に示されている。また、洋の東西を問わず、子弟の育成を考えない民族はなかった。人間社会が知的発展を遂げると、子弟の育成のための制度が整備されるようになる。

とくに、「学ぶこと」、「働くこと」、「生きること」との現実の関係に直接係わることで、さまざまな領域で新たな課題（言葉による表現上の）に直面することになる。まず、「学ぶ」とは何だったのかを確認しておきたい。

わが国で「教育」の対語として用いられる「学ぶ」という言葉を人々は何の疑問もなく使っているが、この大和言葉としての「学ぶ」の生成過程を考えると興味深い。すなわち、「学ぶ」とは、「まねる」が発達した言葉だったのである。「まねる」が「まねぶ」となり「まなぶ」となり、中国から来た「学」が当てられ、「学ぶ」となったのである。

では当初の「まねること」とは何のことであったのであろうか。

「まねること」は仕事のはず

中国大陸から未だ漢字も入っていなかったころ、大和言葉としての「真似る」とは何だったか、ということになる。文字が生まれていなければ、今日のような知識の学習ではないことになる。それはヒトとしての生命を維持するための労働をまねることであったはずである。つまり、仕事の真似である。労働を「まねる」ことは、先ずは仕事をしながらの労働の場での学びであり、今日的な用語ではOJT（On the Job Training）による伝承である。しかし、仕事は簡単に教えられるものではない。仕事は、仕事をする本人が実践しなければ覚えられないのである。このことを孟子は「上達と下達」で次のように述べている。

大工や車職人は、コンパスや定規の使い方を教えることはできるが…
腕前を上達させることはできない

右の言葉は、今日的に言えば「知識は教えられても、技術は教えられない」ということであろう。「まねる」も単純な事ではなく、真似る者の努力が極めて重要であることが分かる。すなわち、腕をみがくことは弟子として習う者が努力しなければ不可能であることを、孟子はすでに二〇〇〇年以上も前に明察していたのである。勿論、親方は手本となる仕事をやって見せなければならない。

このような仕事・労働の伝承・伝授の継承過程は、学びの発展過程でもある。仕事の伝承・伝授は先ずは徒弟制度で行われていたと言える。

二、徒弟制度の形成と職業能力の修得

庶民は生きるためには働かねばならない。働くためには職業能力が必要である。

本来、人は誰でもが働くべきであるが、人間の一日の労働は、一日の労働力の再生産のために必要とする生産物以上のものを生産することができる。人間労働に関する限り、これはどのような社会環境でも同じである。したがって社会が発展し経済システムが制度化する過程で、生産された剰余の生産物をめぐって支配者と被支配者とに差別化が進んでくる。持てる者はますます富み、持たざる者、被支配者である庶民は常に働くことが求められた。働くことは庶民の役割にさせられた。

「学ぶ」の語源から考えても、働くことをまねることが最初の学びであったはずである。そのような意味で、仕事を学び伝承する徒弟制度が人類最初に制度化された文化の伝承方法であろう。その徒弟制度の実際は古今東西あまり差異はない。

「徒弟」の意味

さて、「徒弟」とは元来は弟子のことであり、学ぶ者を言い表す言葉であった。そのため、最も古くは寺に弟子入りした者、即ち小坊主に使用されていた。ちなみに、徒弟制度と訳されている“Apprenticeship”のラテン系語源も「学習」を表す言葉だったようである。

寺の修業がそうであるように、徒弟は掃除・洗濯、食事準備が仕事の始まりであった。このことは

職人の世界にも転用されている。しかし、小坊主には指摘されないが、何故か職人世界の徒弟制で掃除・洗濯、食事の準備は封建的だ、という非難が付きまとう。

親方の家庭でさまざまな作業や作法を学び、働くことは忍耐力を培うだけではない。仕事には手順があり、合理的に仕事をするためには手順が大事であり、手順という作業能力の修得が期待されているのである。親方の家に住み込むのは、宿舎の提供を得るだけでなく、親方の一挙手一投足を目の当たりにして全人格を見習う意味があるのである。

ところで、フランス研究者は同じ"Apprenticeship"を「見習工制度」と訳している。言葉としては見習工が良いが、この差異は一般の人々には不明である。

筆者は、その実態から「修業制度」と訳すのがより良いのではないか、と考えている。

徒弟制度は最初の整備された人材育成システム

遠藤元男が整理している（『日本職人史序説』雄山閣出版、一九八五年）ように、仕事の伝承は最初は一子相伝、つまり親子の関係で、自分の子弟にだけ伝えて他に漏らさない閉鎖的であったろうが、より合理的な方法として徒弟制度が誕生したと言える。親子だけの関係ではなく、社会の制度として定着したのである。それは、職人の縦の関係と横の関係として整備される。さらに、わが国では「一味同心」の関係を結び、「座」や「仲間」として発展してきた。

徒弟制は、縦の関係の親方、手伝・職人、徒弟の階層をつくる。次に、雇用関係として徒弟は親方に弟子入りと同時に雇用労働者として契約することになる。親方に付き仕事の伝授を受ける期間を

「年季」と言う。年季は職種によっても異なるが、一般に一六一六（元和二）年には無用に長期化することが禁じられ三ヶ年とされていたが、一六二七（寛永四）年には一〇ヶ年に延長された。しかし、一六九八（元禄一一）年には制限が撤廃されたが、一般的には一〇年が適用されたようだ。

雇用主である親方は絶対的な権限を有していたが、契約として義務もあった。義務の第一は技術の指導であった。勿論、技術の段階は多様に有り、その基礎的な作業から学ばせることになる。その技術の指導は職人としての職業倫理から教養までも育成することであった。

親方のもう一つの義務は、徒弟に食事、医療、住まいを供し、若干の給金を支給することであった。そして、盆暮れの休暇を与えることであった。

一方、徒弟の義務は、忠実・勤勉に技術の習得に励み、技術の秘密を守ることが重要であった。また、親方の家への住み込みであったから、家事労働にも従事させられることになった。このような義務を励行しないときには、親方から「奉公構《かまい》」として仕事ができなくさせられていた。

徒弟制度による人間育成

当然ながら、徒弟制度はわが国の発展を支えた人材育成に貢献した。遠藤が整理するように、徒弟制度における親方の義務の第一は弟子への技術の指導であった。そして一人前の職人として送り出すことが親方の技量として問われたのである。このことは仕事で職人は成長したことを意味している。「今でも仕事の経験から学んでいる」、「生涯、仕事の勉強です」のようなことを言う職人は少なくない。

今日にも奈良時代の耐震構造の寺院や世界に傑出した工芸品等が残っていることは、体系化された科学・技術やテキストがなくとも職人こそが創意工夫により技術・技能を発展させてきた主役であることを示している。

換言すれば、仕事で得た経験は、自分を育てる技能を向上させるだけではなく、技術を革新し、知識を体系化してきたのである。つまり、何事でもそうであるが、経験することにより、能力が向上するのである。場合によっては新技術の開発、創造に繋がる場合もある。そのような中から、それぞれの仕事の中で仲間から認められる専門家が生まれ、名人が生まれた。更に、そのような専門家の中から、特に創造性を発揮する芸術家が誕生したと言える。

伝承方法の発達と分化

徒弟制度のような形式から様々な仕事を伝承・伝授する制度が発達した。そして、仕事や作業の方法の学びは、知識が分離して学理の学習が発達する。江戸時代に発達した寺子屋はこの部類に入る。学理はさらに分化して専門知識とその基礎となる一般知識の学習になる。最後に分化したのが一般的知識の学習である。

右のように整理すると、徒弟制度は様々な人材育成方法の源流であったとも言える。

なお、専門化した職人がいなくても庶民の協力により生活を守ってきた地域もある。例えば「結い」による協力によって、釘を使わずに三〇メートルもの高さの合掌造りを建立している。知恵を積み重ねた全く合理的、論理的な建築法として白川郷に残っている。

空海の綜芸種智院における技術の指導

空海が天長五（八二八）年に東寺の東隣に開設した綜芸種智院《しゆげいしゆちいん》は、わが国最初の私立の学問機関として知られている。それまでに設立されていた官学の大学等が高級な身分階層の教育機関であったことに対し、空海は身分に分け隔て無く向学心を抱くあらゆる人々に勉学の機会を与える施設として設立した。特に「貧賤子弟」のために設けたとしている。ただ、試験は厳格で、学業、人物とも優秀でなければならない。

空海が綜芸種智院において理想としたのは、あらゆる学問芸術を総合的に教える全人教育だった。そのために、一学一派に囚われず、また仏教だけでなく儒教や諸学の広い知識として三教と五明を学ばねばならないとした。

三教とは仏教、儒教、道教であり、五明とは声明（文法）、巧明（工芸、技術、天文算数）、医方明（医術、薬剤）、因明（論理）、内明（聖教）とした。巧明の工芸、技術、天文算数の知識を教授できたのは空海が唐に学び、広い学識があり科学者でもあったことを意味しており、土木関係の技術の分野で先覚的な業績を残していることで知られる。巧明は真に、技術教育のわが国における嚆矢であっただろう。日本における職人のための学校形式の技術指導の始まりと言えよう。

さらに空海は望ましい教育の条件として、教育環境の整備、資質のよい教師陣の組織化、教師・子弟双方の生活を保障する完全給費制などを挙げ、その実現に努めている。庶民がより良く生きるための術の指導を重視していたことが分かる。

空海は単なる知識を得るだけではなく、知識は直ちに自己の人格を完成するために学ぶべきこととして求め、国を益し、人を利する道を求めた。これらは今日的には、教育の機会均等と総合的教育、完全給費制として言い換えることができる。

空海の死後、経費的に運営が困難となり、綜芸種智院は設立二〇年で閉鎖されたが、わが国で最初の職業技術までも施した庶民のための学校であった意義は大きい（久木幸男・小山田和夫編著『空海と綜芸種智院』、思文閣出版、一九八四年）。

庶民への職業能力の伝承が重要であるという空海の思想は人々の脳裏に残り、社会の発展により再度芽吹くことになるだろう。

三、勤労観の形成と社会の発展

働くためには働く意欲が無ければならない。働く意欲が高くなければ良い製品はできないし、また、製品の改善は困難である。良い製品を作らなければ売れないし、売れなければ自分たちの生活が守れない。働くため、良い仕事をするための勤労観は、庶民にとっては生活の自立のために必要な観念であった。それはどのように生まれたのであろうか。働くための精神・勤労観の形成過程を簡単に見てみよう。

蓮如による勤労観の形成

誰でも他人から命じられるだけの労働では積極的に働こうとする意欲がわかないのは当然である。その意識を醸《かも》し出すのは宗教によるところが大きいだろう。

ヨーロッパ諸国での職業観の形成はマルティン・ルター（一四八三〜一五四六年）による宗教改革が大きいとされているが、わが国でも寺内町（門前町）から発展した楽市楽座や堺の自由都市のような都市の環境が資本主義的営みの発展にとって欠かせなかったように、宗教の影響が大きいようだ。

日本では〝わが国のルター〟とも言われ、仏教のプロテスタントと称される、本願寺を再建した蓮如（一四一五〜九九年）の唱えであった。蓮如は浄土真宗の布教のみではなく、「御文《おふみ》」という親鸞の教えを優しく説いた文書により生活や仕事についての知識を庶民にひろめた。蓮如の教えは、親鸞の庶民救済の教えを発展させ庶民の労働への尊重観をやさしく説いた。

蓮如の「御文」の「侍能工商之事」は次のように記されている（『蓮如文集』岩波文庫、一九八五年）。

一、奉公・宮仕《みやづかえ》をし、弓箭《きゅうせん》を帯《たい》して主命のために身命をもをしまず。

一、又耕作に身をまかせ、すきくはをひさげて、大地をほりうごかして、身にちからをいれてほり、つくりを本として身命をつぐ。

一、或《あるい》は芸能をたしなみて人をたらし*、狂言綺語《きぎょ》を本として浮世をわたるたぐひのみなり**。

一、朝夕は商に心をかけ、或は難海の波の上にうかび、おそろしき難破にあへる事をかへりみず。

かかる身なれども、弥陀如来の本願の不思議は、諸仏の本願にすぐれて、我らまよひの凡夫をたすけんといふ大願をおこして、三世《さんせ》

*人をたらす　人をだます。

**狂言綺語を…のみなり　ざれごとや面白いことを語ることを仕事として、この世を過ごすだけである。

十方《じゆうほう》の諸仏にすてられたる悪人女人をすくひましますは、ただ阿弥陀如来ばかりなり。これをたふとき事ともおもはずして、朝夕は悪業煩悩《あくごうぼんのう》にのみまどはされて、一すぢに弥陀をたのむ心のなきは、あさましき事にはあらずや。ふかくつつしむべし。あなかしこ〳〵。

この「侍能工商之事」について木村武夫は次のように解説している（『蓮如上人論』ＰＨＰ研究所、一九八三年）。

まるで上人自身が、それぞれの職業に従事し、ともに生活の苦労をたしかめあっているような息づかいで、語りかけるのである。それは、みずからを高踏な立場におき、教導の手をさしのべるというのではなく、生活という灯台における同時体験の気分のなかで、親鸞聖人の教えをともに求めようというのであった。これが、在地農民ばかりでなく、商工業者やあらゆる職業の人の心を揺り動かしていった。

それを、門徒大衆の職業倫理としてみれば、信仰の純粋と職業上の対応という二元は、重大な課題だったであろう。上人は、右のように一切の生業を肯定し、すべての人の生きざまを肯定し、そこに親鸞聖人の「悪人正機」の現実的展開をこころみた以上、そうした制戒が、また、逆に職業倫理としての効用も念頭にあったのだろうか。

蓮如の教えは広まり、門徒の中には一向宗や石山本願寺のように時の政権と対抗するなどの過激派も出たが、争議が収まった後は政治には対抗しない、勤労観の土壌が形成されたのであった。蓮如による庶民への共同意識から、庶民の職業を尊重する思想は真宗の観念として広まったと言えよう（後藤文利『真宗と日本資本主義』同信社、一九八一年）。

このような蓮如の勤労観は〝因果応報〟の労働版とも言える。換言すると、「職業に貴賤なし」の思想のわが国における端緒と言えるのではなかろうか。

庶民に広まった勤労観により一向宗の宗徒が勤勉に働くことにより経済的にも発展する。一向宗の経済力を利用して、豊臣秀吉は天下制覇のステップにしたと言われている。そして、わが国でも封建時代に楽市楽座や堺等の自治市が形成されるようになった。

江戸時代になると、「勤労」観は新たに観念化された「天職」観とも結びつき、仏教の教えは自己目的としての勤労観に発展するのであった（三宅章介「『天職観』の歴史的変遷過程に関する一考察」、『産業教育学研究』日本産業教育学会、二〇一六年七月）。

職人の勤労観

庶民はいつの時代も生活を自立することが重要であり、学ぶための内容も自立に役立つ仕事に関することが優先される。その自立の精神をもたらすために勤労観を持つことは重要な要素である。

江戸時代の士農工商の身分制においては、身分に応じた職分にそれぞれが励んでいたはずである。職人達は今日で言うところの天職として仕事をしていたであろう。職人が作った製品を武士や豪商、さらには町人も重宝し、愛しんでいたことを考えれば、江戸時代までの職人の仕事への勤勉な姿勢は真剣であったはずである。このような物作りの発展は地域的には資本主義的な産業を勃興し、自由な街を誕生させることに連なったと言えよう。

職人は採算を度外視して良い仕事をすることに熱意を傾ける。仕事に熱中し、そこに誇りを求め、やり遂げた仕事に至福を感じるのだ。陶磁器鑑定家の中島誠之助の決めセリフである「いい仕事してますね！」は、そのことを意味している。そこには今日のような三K、五Kと言うような職業蔑視観は無かったはずである。

職人は良い仕事をすることに励み、手を抜くことをしなかったからそこに職人魂が生まれる。このような伝統を引き継ぐために、四〇〇年前の技術・技能に劣らぬよう、これから二〇〇年後の改修時に後世の人達に誇れるようにと日光東照宮の大改修を行っている職人達が腕を振るっている。

元来、仕事は情熱を駆り立てるものである。それは使役される囚人の労働場面であっても同じ事を、ソルジェニーツィンの『イワン・デニーソヴィチの一日』の光景によって宗像元介が紹介している（同前）。その要因は、仕事が命じられたものであるか否かによらず、人は仕事の手ごたえを求める〝本能〟があるためという。

今日、この作用を経営者が上手く利用して、企業戦士を育成していることは間違いない。過労による死亡や自死の問題の根源にはこの仕事が内包する本能と〝機能〟があるのである。

石門心学の勤労観

石門心学《せきもんしんがく》とは、江戸時代中期の思想家・石田梅岩（一六八五年～一七四四年）を開祖とする倫理学の一派で、町人（商人）のための平易で実践的な道徳の教えのことである。石門心学は士農工商穢多非人の身分社会の中にあって基本的に万人平等の教えであった。この中で商業道徳の形成と共に勤勉の尊重についても唱えたが、この教えは江戸の進展と共に町人に浸透したようである。

このような庶民の勤労観が江戸時代の平和と発展をもたらし、勤労のための学習の必要性が実感され、寺子屋の発展のように庶民の学習熱を高める大きな背景であったと言えよう（竹中靖一『石門心学の経済思想』ミネルヴァ書房、一九六二年）。

二宮尊徳の勤労観

沼や潟を開発して新潟や新発田の町ができたように農地の拡大は進み、稲作は江戸幕府の基盤を強固にしてきたが、農民達の勤労観を抜きにしては考えられない。

その勤労を重視する思想は二宮尊徳（金次郎：一七八七年～一八五六年）によって農民にも形成されたと言えよう。尊徳は独学で「論語」などを学び、農耕をしながら独自の農法を編み出して農村改革に当たった。柴を背負い、歩きながら読んでいる書物は『大学』（論語、孟子、中庸との四書の一つ）とのことである。尊徳の「勤労」とは、貧しい家庭の再興と、農民達の自立の思想として形成されていた。

尊徳は、江戸時代後期に「報徳思想」を唱えて「報徳仕法」と呼ばれる農村復興政策を指導した。「報徳思想」とは、私利私欲に走らず社会に貢献すれば、いずれは自らに還元されるという説である。この思想は自己中心主義を戒める点で、キリスト教徒たちの「天職思想」に類似していた。

一八三四（天保五）年頃に作られたとされている「報徳訓」の一つに次の教えがある。

父母の富貴は祖先の勤功にあり
吾身の富貴は父母の積善にあり
子孫の富貴は自己の勤労にあり

ここに尊徳の勤労観が凝縮されていると言える。勤労は子孫のため、即ち吾が子のためであるとしたのである。「情けは人のためならず」の「勤労」版だったと言える。

もちろん、勤労意欲を一人だけで発揮するのは容易ではない。そこで、農民が一つの共同体として村落の勤労意欲を構築するために寄り合いを活用した。寄り合いの話し合いで、相互研鑽により、お互いを高めるように次のように指導したのである。

身の修め方、世間のつき合い、家業の得失、農業のしかた、商法の掛引き、心配筋のこと、自分に決しがたいことなど、みな打ちあけて相談して、それよりはこのほうがよい、これよりはあのほうがよろしい、また、これよりこのほうが徳だ、それよりもこのほうが便利だと、相互に相談するのでござる尊徳の思想は農民だけでなく、水野忠邦による天保の改革など武士社会の改革にも応用されたように、江戸時代を支える重要な思想となった（大貫章『二宮尊徳の生涯と業績』東京堂出版、二〇〇九年）。

以上のように、江戸の職人が仕事の手抜きをしなかったこと、農民が勤勉実直に生産に励んだ観念は、確かに庶民自身の自立と向上を促すためであったが、江戸時代の庶民が意欲をもって仕事に励んでいた勤労観は一方では江戸幕藩体制の基盤となっていたのである。

江戸時代の四大飢饉（寛永、享保、天明、天保）を乗り越えて、やがて庶民の生活も安定すると、知識の学習意欲も出てくる。そのような要望に応える施設が次第に発生してくるのであった。

四、仕事の「学び」が支援された寺子屋

寺での庶民の学習支援の始まりは、綜芸種智院だろうが、寺でより基礎的な読み書きの指導が始まったのは室町時代のようだ。江戸時代になると寺は出生届けを受け、寺請証文《てらうけしょうもん》（身分証明書）の発行を行う等、檀家の面倒をみるようになる。寺は幕府の末端の行政機関の役割も果たしていた。そのような中で、当時の教養人が寺の和尚であったこともあり、檀家の子弟の養育を支援するようになり、寺子屋が次第に発展したのであろう。

寺子屋は江戸末期には今日の小学校（二〇一六年、二万三一三校）よりも遙かに多い五万ヶ所以上が開講されていたという。当時の人口が三千万人とすると、今日の小学校に比べて如何に普及していた

「文学萬代の寶」（東京都立中央図書館蔵）

かが分かる。このことが、当時の世界に比類なきわが国の識字率の高さを示していたのである。

　そして、少なくない数の寺子屋が明治の学校に転換したため、寺子屋が今日の学校の原型であるということが一般の定説になっている。確かに施設としての転換はあったが、しかし、第二章に紹介する「教育」の定義に従えば寺子屋では教育は行われていなかったのであり、教育を実施している今日の学校の原型とは言えない。寺子屋では学習の支援が個別に行われていたのであり、今日的にみれば個別学習であった。

　高い就学率が実現していたことは、強制された教育ではなく、子ども達の学習要求、関心に応じての学習支援だったからである。子ども達は自分の興味と関心のある、あるいは家業を継ぐために必要な学習を師匠から学習支援を受けていた。私塾であるため学費を徴収していたが寺子で異なり、兄弟が学んでいた場合は割り引いたり、現物により謝礼に代えたりしていたように、運営も弾力的であった。

その学習支援の状況は、歌川派の絵師花里（一寸子）が江戸末期の寺子屋の様子を「文学萬代の寳」と題して描いた浮世絵に明瞭である。この絵は、男女別に二枚の絵になっている。それぞれ助教らしき者がおり、師匠の後ろに各種の教材が並べられている。枠の解説には、「文学筆道は末代不朽名を残す」と記されており、学習が文学であることを意味していた。

寺子屋は基礎的な読み書き算が中心だとされているが、男性師匠の後ろに『史記』（中国前漢の武帝の時代に司馬遷により編纂された歴史書）が見えるように、漢文による高度な学習支援も行われた。

往来物による仕事の学び

庶民は農・工・商の生業があり、その子弟が家業に関する職の知識を学ぼうとするのは、身分が世襲制の江戸時代であれば自然に生まれる考えである。寺子屋では、その家業の実践の知識の学習を支援していたと言える。それは、一人ひとりの望みに合わせた職業に関する知識の学習の支援だった。

仕事の知識は、問答形式に纏めた冊子である「往来物」により実施されていた。往来物は多種多様であり、近年では数千種が発見されている。その中には、『寺子教訓往来』、『幼稚千字文』や、商人、農民、漁師、職人用もあった。職人往来は大工、左官、船匠、道具屋等に分類できる。

寺子屋のこのような運営実態を見ても「寺子屋は学校の初期的形態」という既存の説明は正確とは

いえない。つまり、寺子屋では職業に関する知識をも支援していたからである。

大工に必要な知識を纏めた往来物は幾種もあるが、例えば『柱立往来』では最初に専門用語の漢字にルビを振った一覧が整理されている。そして職人を迎え厚遇した聖徳太子を敬うように職人との関係が説明され、大工の仕事が解説される。最後には「職人は手抜きをせず正直に作法を守らねばならない」という職人倫理を記していた。

このように、寺子屋は往来物による専門的学習を支援する今日的な職業訓練校の性格も持っていたと言える。ただ、寺子屋では当然のことだが実習は実施されていなかった。技術は家業や子ども達が実際に就いていた仕事の中で習得していた。

同様に、商家でも丁稚制度による商人の養成が行われていた。商人の往来物も多く、これらが寺子屋で手ほどきされていたであろうが、詳しい説明は省く。

江戸時代の技術の発展と、それに伴う経済の発展は、このような庶民の職業的学習が大きく寄与していたことは明らかであろう。

郷学と私塾

寺子屋は私塾であるが、寺子屋の他に藩による公営の庶民のための郷学《ごうがく》（所）も江戸末期には設立されていた。郷学は一八七一（明治四）年の時点で三九八校あったという。

なお、武士の子弟も藩校に入る前に読み書きの素養を学ぶために郷学（所）や寺子屋に通っており、寺子屋等の子弟の学習支援機能は多様であったことが明らかになっている。

障がい者の職業支援の始まり

社会的不運者（弱者）の最底辺にいるのは障がい者であり、障がい者が自立するための職業能力の習得を支援することは重要な課題であった。本人も盲人であった杉山和一は、盲人のための鍼灸師を養成する講習所として、江戸の麹町に鍼治導引稽古所を設け、やがて世界に先駆け一六八二（天和二）年に鍼治講習所を開設した。その後、江戸に四箇所、全国に四五箇所の鍼治講習所が開設され、今日の盲学校の基となったという（和久田哲司「杉山和一の業績」、『鍼灸手技療法教育』二〇〇九年三月）。

盲人の職業的自立の支援は、杉山検校の働きから始まったと言える。

社会復帰のための職業能力の付与

罪を犯した者のための学校もあった。今でいう軽犯罪者であろうと思われるが、彼らが刑を終えて社会に復帰したときに生業に就かなければ、今日でも同様であるが再犯の可能性が高くなる。それを防ぐ対策として考えられた学校である。つまり、今日的に言えば刑務所における職業訓練であり、社会における職業能力開発である。

その端緒は、瀧川政次郎が紹介している火付盗賊改役で知られる長谷川平蔵による人足寄場の設立であった。人足寄場は一七九〇（寛政二）年に手業を伝授し、工賃を積み立てて出所時に渡すという授産場として、江戸の佃島と石川島の間を埋め立てて設立された（『長谷川平蔵』朝日新聞社、一九八二年）。これも、今日的には社会における職業学校といえよう。

五、支配者の教育が行われた藩校

藩校の教育

武士の子弟が通った藩校では武士社会を維持するために武士に必要な素養を教育していた。最も整備された施設は幕閣の子弟のための昌平坂学問所であろうが、朱子学を中心として四書・五経の素読や、「論語」・「大学」等の講読が行われ、経義、歴史、作文の試験があったという。このような昌平坂学問所の内容・方法が各地の藩校に普及したと考えられる。

そこでは正座と椅子、座卓と机の差はあるが、今日の学校とほぼ類似した教育方法が採られていた。教育目標として武士の品格から武士社会の維持のために武士に求められる素養が教育された。「教育」の言葉こそ使われてはいなかったが、それぞれの藩校による統一した目標が定められ、儒学、朱子学が重視され、その講義を受講生は一斉に受けた。この方法は、内容こそ異なっても今日の教育と同じである。

藩校での教育は実施者（藩）の方針に応じて、教科は適宜に選択して行うことになる。朱子学等の内容は、武士として責任ある言動と振舞い＝役割の教育であった。藩校で習得する知識は封建制度を守るための武士として必要な素養であった。だが、このような教育内容を統一的に決定するのは、寺子屋ではありえないことであった。

武士階級の「教育」と庶民の学習支援

寺子屋と藩校の例に見るように、教育と学習には人間育成の二面性が明確である。寺子屋と藩校はその経営主体と学習方法が異なるので図のように区別できる。その内容は、藩校では武士としての素養とたしなみを涵養するための限られた教材に限定されるが、寺子屋では仕事と労働についての個別の学習支援であるため、極めて多様な教材となる。郷学は、内容的には寺子屋に、制度的には藩校に近い。

なお、次章で述べるように、近代の学校では四民平等の入学を企図するため図のような明確な差別は無くなる。しかし、それは制度の表面的な一面であり、常に臣民・庶民が分断させられるような競争原理が始まるのであった。また、近代の学校における知識は極めて細分化した分野に限られることも社会の発展に伴うとすると必然であろう。

ところで、教育の二面性と同時に、その理念には大きな二つの方略がある。次節に紹介する知識を主体にした一般陶冶と、労働経験を重視する労働陶冶である。

江戸時代の人間形成方式

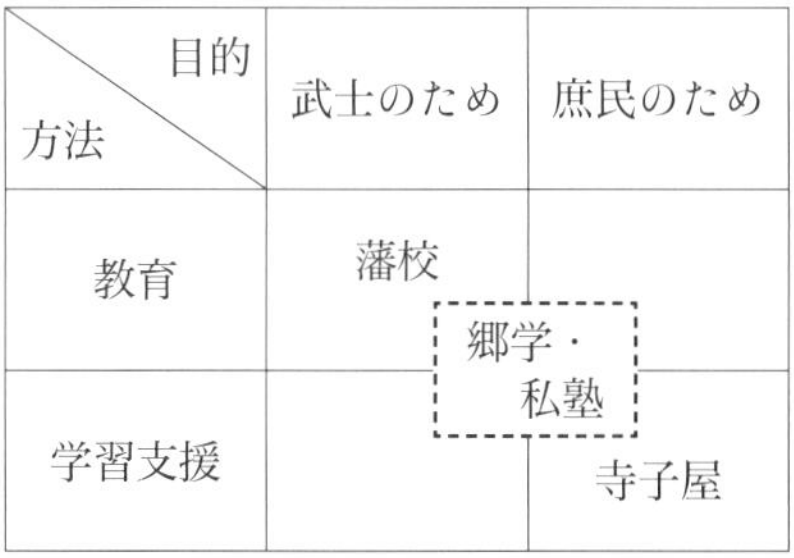

六、人間育成の知識重視策と経験重視策

先の図は、主として知識を中心とする教育・学習方法である。先の図には実践や実技を中心とする

徒弟制度は入らないが、徒弟制度も人間育成のアプローチであることに間違いない。図のような知識中心の制度と徒弟制度の役割を考えてみよう。

先に示したように、人間育成の最初の制度は徒弟制度のように経験を重視する制度として形成された。やがて、社会が発展し、直接的な仕事をせずとも親に保護された子どもが学ぶ制度が整備され、徐々に仕事から離れた知識中心の学習が整備される。

このように、人間育成の二つのアプローチは知識重視と経験重視の二つの方法である。「百姓に学問は要らない」とか、「職人に学ぶことは不要」といったことは体験重視で仕事の伝授ができる、という考え方を表している。このことは、「学ぶ」のは「まねる」こと、という言葉をそのまま言い換えただけでもある。

しかし、「まねる」だけでは発展はなく、真似るだけであれば人間社会は古代から発展しなかったことになる。農業も様々な知識を元に工夫があればよりよく改良、改善ができるのであり、仕事に知識が不要だとするのは、人間の発達を無視する考えである。

人間社会が発展してきた背景には、人間のたゆまざる努力と体験がある。その体験には失敗もあり、成功もある。体験をくり返すことにより経験となり、それらの経験で得た知識と技術を整理して初めて伝承できることになり、さらにそれまでに得た知識と技術を再編して新たな創造の成果を生むことが可能となるのである。

徒弟制度は学校教育とは異なる方法であるが、生活、仕事（労働）については、学校に負けない、学校ではできない人間社会を発展させてきた原動力となっていることは疑いない。

一般陶冶と労働陶冶

仕事に代表される経験と実践のアプローチにより人は発達するという考えを「労働陶冶論」と言う。経験と実践が重要だとすると、「労働陶冶論」は庶民だけの方法では無く、武士の教育の方法にも利用されていた。それは文武両道と言う言葉があるように、学問的な教育を主とした「文」と、経験と実践を主とした「武」があり、この両者を統合する方法は武士階級にも必要なことが理解されていたことを示している。

さて、近代科学は、現実の現象を観察することにより創意工夫を重ねる技術としてその方法を確立し、更に理論的に検証することによって体系化されてきた。その科学を整理して著したのがテキストである。従って、テキストにより原理を学ぶのは合理的である。テキストにより一般的な知識を学ぶことを「一般陶冶論」と言っている。

一般陶冶の方法は合理的に見える。しかし、その合理性は現実を検証するという経験を省いたことにより生じている。人間の発達段階にとって欠かせない経験を省くことは、総合的な人間育成にとっては不十分だと言える。

一般陶冶が不要だということではないが、経験も重要であり、「労働陶冶論」とのバランスが人の育成には必要と言える。つまり、より良い人の育成のためには、労働経験による知識の集積と、自分たちが持っていない知識をも受け入れるという進取の気風の両者が必要である。

佐賀藩の職人と学者の協力

ペリーが浦賀沖に来航した一八五三（嘉永六）年の二年前には、九州の佐賀（鍋島）藩は鉄製大砲の開発をわが国でいち早く成功させており、ヨーロッパ諸国の大砲にも負けない水準にあった。そこで、幕府は外様にもかかわらず佐賀藩に江戸湾防御のために〝御台場〟に大砲の据え付けを依頼した。そして、その後の尊皇攘夷運動と連動した倒幕の戦いでは薩長両藩の武力を大きく支えたのが佐賀藩であった。このような佐賀藩の技術革新の成功には、西洋の技術知識を学ぶ学者と職人の経験と研鑽、さらに実践を支援する体制があった。

佐賀藩は福岡藩と共に天領だった長崎の警護役であり、ヨーロッパの知識を一番に知ることができる立場にあった。藩主の鍋島閑叟《かんそう》はアヘン戦争に畏怖し、その根源を探るべく海外の知識に関心が高かった。一八三〇（天保元）年にオランダ船を実見、一八四四（弘化元）年には同軍艦にも乗船し、西洋技術の発展を体感して藩の技術革新を先導した。

一八四四（天保一五）年には火術方（製鉄・製砲所）、一八五一（嘉永四）年には蘭学寮、翌年には精煉方（理化学研究所）を設置した。蘭学寮では大隈重信、江藤新平等が学んだ。また、大隈等が運営に当たった長崎に設置された英学校にはアメリカ人宣教師フルベッキを、後に明治政府の大学南校教頭になるまで教師に招聘し、大隈等は欧米の情報も早くから入手していた。

しかし、翻訳した参考書で西洋の技術を直ぐに応用できるわけではない。製造設備の構築と製品の改善には長年の試行錯誤による経験がある職人が必要だった。その代表が万年時計を作って〝からくり儀右衛門〟と呼ばれていた田中久重等だった。ちなみに、田中は日本初の電信機を製作し、後に東芝に発展した田中製造所を創設した。

また、中村奇輔等は一八五三（嘉永六）年にプチャーチンが訪れたロシア軍艦の甲板で運転された蒸気機関車の模型を見ただけで、一八五五（安政二）年にはわが国で最初に蒸気機関車を完成させている。高炉の建設・改築には有田焼、伊万里焼の陶工が力を発揮した（毛利敏彦『幕末維新と佐賀藩』中公新書、二〇〇八年。今津健治『からくり儀右衛門』ダイヤモンド社、一九九二年）。

佐賀藩が幕末維新のわが国の技術を先導した要因は、海外の知識の進取の気運と実践・試行を重視し経験を尊重する精神の風土にあった。つまり、創造的開発には知識と経験の統合が必要なのである。鍋島藩の技術革新は学者と職人との協力体制による成果であった。

（参考文献）

＊宮本常一『庶民の発見』、講談社学術文庫、一九八七年。

第二章

学習支援のために設立した文部省と学校

——教育に変質した文部省と学校

文部省は教育を司る省であるが、「教育」の言葉と「文部省」の名との関係は明らかではない。教育の省なら教部省だと思われるからである。同じく教育の実施であれば「教校」だと思われるが、何故に「学校」なのかも疑問である。このような疑問がある文部省と学校の設立経過とその課題を本章では解明したい。

「今般文部省に於いて学制《がくせい》《がくもんのしかた》を定め…父兄たるもの宜しく…子弟をして必ず学《がく》《がくもん》に従事せしめざるべからざるものなり」

（「学事奨励に関する被仰出書《おおせいでだされがき》」、明治五年）

序、明治初期の江戸時代的枠組み

江戸幕府が倒れ、明治に改まっても社会制度がすべて一度に変わる訳ではない。廃藩置県までは藩が運営する藩校や郷学が幾多も継続していた。藩校は藩の数だけは有ったのであろうが、郷学は一八七一（明治四）年の時点で三九八校あったという。さらに、一八六八（明治元）年から学校が設立される明治五年までに開設した寺子屋も一〇〇三ヶ所に上っている。

このように、明治になっても江戸時代の人間形成は力強く運営されていた。したがって藩校、寺子屋、郷学等に代わる明治の近代国家にふさわしい新たな教育制度の確立は、文部省が設立されるまでは、地方や地域に委ねられていた。学校の設立までは試行錯誤が続けられていたのである。

寺子屋的学校設立の指示

学校の設立のために、政府は一八六九（明治二）年二月五日の「府県施政順序」の一三番目において、「小学校ヲ設ル事」を掲げ、府県の業務として次のように指示していた。

専ラ書学素読算術ヲ習ワシメ願書書翰記牒算勘等其用ヲ闕サラシムヘシ又時々講義ヲ以国体時勢ヲ辨ヘ忠孝ノ道ヲ知ルヘキ様教諭シ風俗ヲ敦クスルヲ要ス最才気衆ニ秀テ学業進達ノ者ハ其志ス所ヲ遂ケシムヘシ

右のタイトルのように、「藩校」は用いず「小学校」として指示していたのである。また、「大宝令」（「大宝律令」、七〇二年）では「大学寮」が使われていたが高級官僚のための機関であったので、ここでは小学校としたのではなかろうか。小学校では「書学素読算術ヲ習ワシメ」ることが役割であった。この段階では小学校で行うことを「教育」とは言わなかったことがわかる。その内容には新時代に合わせた素養が指示されているが、方法は未だ寺子屋の方式が継続されていた。

未だ全国に寺子屋が運営されていたことからも右の指示にならざるを得なかった。師匠による個人的な運営による寺子屋による庶民の育成から、国家による国民の教育を始めなければならないという意図が窺われるが、その具体策までは構想が確立していなかったことを示していた。

京都の番組小学校

京都では幕府の大政奉還（一八六七年一一月九日）直前に新時代の幕開けが予見され、新時代にふさわしい子ども達の育成が重要として、私塾の手跡指南所当主の西谷良圃等により「教導所」建議が提出された。この建議を基にした有志と町衆と京都府との現実的な協議が進められていた。

そのため、京都府は「府県施政順序」の「小学校ヲ設ル事」の指示を受けて、一八六九（明治二）年五月に修業時間、教員、教科等について取り決めた「小学校規則」を公布し、町内自治会が運営する「番組小学校」の設立がいち早く指示された。

「番組」とは、自治組織「町組」を再編して学区とした地域共同体であり、京都中心部に六四の番組小学校が設置されることになる。最初の開校式は五月二一日に上京区第二十七番小学校（後の柳池校）であった。ただ、学校建設費の大半は基本的に各番組の醵金であり、番組の経済力による差異もあった。このことは、まだ行政的な新たな制度が確立していないため、寺子屋が寺子の礼金だけで運営されていたことと差異は無かったと言える。

教育内容は、筆道、算術、読書である。これらは寺子屋の漢文や往来物を除いた〝読み・書き・算〟に限定した「府県施政順序」の「小学校ヲ設ル事」の範囲であったと言える。その他、「二七之日儒書講釈二八之日心学童話之事」と月二回の儒者と心学者の講義を指示し、新時代の人格の育成を重視していたようである。

ところで、番組小学校は単に教育機関であるだけでなく、交番や望火楼を併置し、塵芥処理や予防接種など保健所の仕事も担い、さらに町会所も兼ね、府の総合庁舎の出先機関としての機能をも果していた。ただ、これらの経費の一切は町組が負担していたのであった（和崎光太郎「京都番組小学校の創設過程」、『京都市学校歴史博物館研究紀要』平成二六年一二月）。

番組小学校の運営は寺子屋方式に類似した点もあったが、設立には府との協議があり、教授内容を統一することに見られるようにその後の学校運営方式の端緒を開いたと言える。

小学校設立の指示

やがて一八七一（明治四）年に文部省が設立された。しかし、文部省が設立されてもすぐさま学校制度を確立できるわけではなかった。文部省は人民への学問を進める意図を設立直後の一一月二三日に次のように布達した（文部省布達一三号）。

一開化日ニ隆ク文明月ニ盛ニ人々其業ニ安シ其家ヲ保ツ所以ノ者各其才能技藝ヲ生長スルニ由ル是學校ノ設アル所以ニシテ人々學ハサルヲ得サル者ナリ故ニ方今東南校ヲ始處々ニ於テ學校相設ラレ教導ノ事専ラ御手入有之ト雖モ素限リ有ノ公費ヲ以テ限ナキノ人民ニ應スヘカラス然ラハ人民タル者モ亦自ラ奮テ其才藝ヲ生長スルヿ《こと》ヲ務メサル可ラス依之先當府下ニ於テ共立ノ小學校並ニ洋學校ヲ開キ華族ヨリ平民ニ至ル迄志願ノ者ハ學資ヲイレテ入學セシメ幼年ノ子弟ヲ教導スル學科ノ順序ヲ定メ各其才藝ヲ生長シ文明ノ眞境ニ入ラシメント欲ス父兄タル者ハ此意ヲ體シ別紙ノ箇條ヲ心得其子弟ヲ入學セシム可キ也

　但右志願ノ輩ハ其最寄最寄之校へ可願出事

（別紙）

小學校入門之心得

一受業料毎月金貳分可相納事
一修業ハ書算筆ノ三科タルヘキ事
一書籍等ハ銘々持参可致事
一稽古時間ハ毎日五字（ママ）字間之事
一男子生徒ハ八歳ヨリ十五歳迄ノ事
一女子生徒ハ八歳ヨリ十二歳迄ノ事

但凡テ通ヒ稽古ノ事

洋學校入舎ノ心得

但當分英濁乙ノ事

一受業料毎月金三両可相納事

一書籍等ハ銘々持参可致事

一稽古時間ハ毎日六時間ノ事

一生徒ハ男子十歳ヨリ廿歳迄ノ事

但凡テ寄宿稽古ノ事

芝増上寺内源流院　小學第一校

市ヶ谷田町一町目洞雲寺　小學第二校

牛込神樂坂上善國寺　小學第三校

湯島切通シ上麟群院　小學第四校

淺草新堀西福寺　小學第五校

深川舟蔵前町西光寺　小學第六校

場所未定追テ開校　當校ハ女子ノミヲ限リ年八歳ヨリ十五歳迄ノヿ　小學第七校

裏六番町　洋學第二校

布達の小学校のあり方は「教導」としながらもほぼ従来の寺子屋と似た内容と方法を指示した。最初にあるように学校を設ける目的は「才能技藝ヲ生長スル」ためであった。その他に「才藝ヲ生長」を二度も用いている。「才芸」とは才能と技芸のことであり、子弟を生長させることであった。「生長」とは、「①うまれと育ち。うまれ育つこと。②俗には発育と同じ意味で用い、…」（『広辞苑』）のように、児童が自らの力で成長することを意味している。そのため、この布達にも「教育」の文字が使用されていないことが特徴である。文部省は小学校の設立に際し教育することを意図していない。学校では教育を受けるのではなく自らが学習する「稽古ノ事」としていた。つまり、「幼年ノ子弟」が自らの稽古により生長することを意図していたのであった。

また、「五箇条のご誓文」第三項に似た「華族ヨリ平民ニ至ル迄」という指示も重要である。つまり、従来の学習施設は、華族、士族そして庶民と身分により明確に分けられていたのであり、この差別を撤廃することを宣言しているからである。このことは後の「学制」に引き継がれる。

しかし、「府下ニ於テ共立ノ小學校並ニ洋學校ヲ開キ」のように、この布達は東京に限り指示されていた。しかも、第一校から第六校までは全て寺に設置された。このようなことが寺子屋が学校になったとの常識の根拠になっていたのかも知れない。

学校は「奮テ其才藝ヲ生長スルヿヲ務メサル可ラス」としながらも、「志願ノ者」としていたように学校は義務教育ではなかった。そのため「學資ヲイレテ入學セシメ」としたが、学費は「受業料毎月金貳分可相納事」と人民に負担を求めていたのである。

勿論、東京で右のような数校の設立では府下のすべての子ども達を義務的に学ばせることは困難であったろう。

一、「学文《がくもん》」の省だった文部省

教部省の設立と「三条教則」

ところで、最初の明治政府の省庁として設立された神祇官は太政官の上に位置づけられた。神祇官は一八七一（明治四）年に神祇省となった。神祇官、神祇省とは名の通り神社関係の運営を司る省であり、国家神道の施策を進める官庁組織であった。神祇省は一八七二（明治五）年に教部省に改革されたことに現れているように当時は「教」は宗教の意味だったのである。すなわち、今日的な「教育」の意味では教部省は設立できなかったのである。ちなみに、文部省が設立されたのは神祇省と同じ一八七一（明治四）年である。

そして「神社ノ儀ハ国家ノ宗旨」として、神道が国家の指針であることを明確にした。教部省は神道による国家統制の根本方針の原則として次のような「三条教則」を下付した。

第一条　一　敬神愛国ノ旨ヲ体スヘキ事
第二条　一　天理人道ヲ明ニスヘキ事
第三条　一　皇上ヲ奉戴シ朝旨ヲ遵守セシムヘキ事

「三条教則」は極めて抽象的であるため、解説が重要であった。次項で紹介するように、教部省は僧侶等の説教の力を利用すべく全国の僧侶と神官を教導職に任命した。そして、教部省は僧侶の教導職が仏教教義に偏らず「三条教則」に即するように説教の統一を意図するための解説書として、薩摩藩で廃仏運動を展開した田中頼庸に『三条演義』を一八七三（明治六）年に発行させた。同書では、神道精神が冒されないように解説している。

「三条教則」の解説は、例えば、一八七二（明治五）年五月の東京では神田明神や増上寺等で最高は千名を集めて説教が行われた。国民形成の方略が宗教の力を借りて、しかしながら仏教の説教に誘導されず国家神道へ傾倒するように周到に教化が施策されたのである。

右のような教部省による教化策により学校の運営が影響を受けないはずはない。先ずは教部大輔《たいふ》と教部小輔が文部大輔と文部小輔を兼務していた。文部省は教員を直ぐに養成できないため、教導職に学校教員を兼務させた。その兼務教員だった教導職の本務は「三条教則」の核心である「敬神愛国」を説教することであった。この名残りが教員の「訓導」にあった。「訓導」とは、教導職の最下級の職位を表す職名であったのである。とはいえ、文部省は教部省の影響から離脱すべく政教分離を唱え、独自の国民形成策を展開することをめざす。それは「教育勅語」により成就することになる。

名は体を表す

右のように「教」が宗教を意味していた当時は教部省等の「教」を用いての国民形成を担当する省庁の設立は不可能であった。今は文部科学省となったが、明治四（一八七一）年以降、一四〇年を超えて存在している文部省は教育を担当する省であることをその名称から推測することはむずかしい。同時に設立された省に民部省、工部省、兵部省、刑部省があったが、これらは全てその業務担当内容が分かる省名である。

教育の省であれば教部省であろう。しかし、教部省は宗教の省であった。文部省が教育を担当する部門として設立されていないことが分かる。文部省は何故に教育を担当するのかという不明な看板を掲げてきたが、この疑問を誰も解明しなかったのである。

それでは文部省は何をめざした省だったのであろうか。

「文」は「学文」の文

文部省設立の直接的必要性は、一八七一（明治四）年に廃藩置県が実施され各藩が運営していた藩校と郷学が廃止されるが、人材育成をおろそかにできなかったからである。政府の統括組織として、江戸時代末期の昌平坂学問所は廃止されたが、曲折を経て文部省が設立された。しかし、なぜ文部省なのかの説明はない。設立直後に出された「文部省布達無號」は「…元来学問之儀ハ人民一日モ缺ク可ラサル事ニ付角勉勵罷在候生徒空敷爲引拂候而ハ進歩ノ妨ニモ可相成就テ者追テ一定ノ学制モ行可相成候…」として、人民に学問の必要性を述べていたことがヒントになる。

学問と「学文」との関係であるが、江戸時代までは「学文」が用いられ、明治初期の公文書にも用いられている。「学文」が明治以降に次第に「学問」に転換したのであり、これらの言葉は同義であった。さらに遡ると「文学」も「学文」と同義であり、今日の「文学」という意味合いではなかったのである。

文部省とは、学問のために設立されたことは明らかである。つまり、今日的には学習を支援するために文部省は設立されたのである。このように学習支援の文部省が教育の省に転換するのは後に紹介するように少し時代が下る明治一二年になる。

ちなみに、文部省は奈良時代にもあった。中国の吏部《りぶ》を文部へ改編していたことを遣唐使が伝えると、わが国でも式部省を文部省に再編した。ところが次の遣唐使が文部は元の吏部に戻っていることを伝えると、わが国も式部省に戻したのである。ただし、この時代の読みは「もんぶ」ではなく「ぶんぶ」だったことが推測される（「『文部省』名の意味と変質」、『職業能力開発総合大学校紀要』第三四号、二〇〇五年三月）。

二、「学問」の場所だった学校

では学校はどのようにして設立されたのだろうか。それは右の「文部省布達無號」に「追テ一定ノ学制モ行可相成候」とあった「学制」が暗示していた。

「学制」の理念と制度

前節で紹介した小学校では文明開化を担う人材の育成にははなはだ心許ないといえよう。そこで、文部省は設立の翌一八七二（明治五）年九月五日に、本格的な「学制」を制定した。「学制」とは今日の

「学校教育法」のような内容で一〇九章（条、翌年に二一三章に）からなる。「学制」の全文は膨大であるが「教育」の使用は一回のみである。要点を紹介すると次のようになる。

「学制」は、全国を八区域に分けて、大学区とし、それぞれを三二学区に分けて中学区とし、これを二一〇に分けて小学区とした。この結果、都合八大学校、二五六中学校、五三、七六〇の小学校を設立する構想であった。すなわち、フランスの制度を真似たピラミッド学校システムの構想であった。大学校は後の帝国大学になる。江戸末期には全国に三万、あるいは五万が設立されていたと推計されているが、ようやく寺子屋を超える小学校の設立案が具体化したことになる。

二〇一五（平成二七）年度の国公私立の学校は、大学が七七九校（私立七七・五％）、高等学校が四、九三九校（同二六・七％）、中等教育学校が五二校（同三二・七％）、中学校が一〇、四八四校（同七・四％）、小学校が二一、四七六校（同一・一％）であり、「学制」の計画と比較すると中学校以上の学校は飛躍的に拡大している。しかし、少子化とはいえ当時よりも人口は増えているにもかかわらず何故か小学校についてはは今日でもその構想が実現していない。のみならず、近年の少子化による学校統廃合により「学制」の目標からますます遠のいているのはなぜだろうか。

当時、小学校が今日よりも多く構想されていた理由は、寺子屋からの連続性であろう。一八七五（明治八）年段階によれば、小学校は新築も一八％あったが、寺院からの転換が最も多く四〇％、民家三三％、その他の借用九％だった。

さて、「学制」は平等主義、合理主義、そして実学主義の理念により制定されたとされているが、これらの学校制度を実施するために、第二一条に「小学校ハ教育ノ初級ニシテ人民一般必ス学ハスンハアルヘカラサルモノトス」と義務制を宣言したのである。「教育」の使用はここだけである。

四民平等の学校制度

「人民一般」とは「華士族農工商及婦女子」を意味する「四民平等」の意である。この四民平等の義務教育制度は、当時はアメリカでしか整備されていなかった。フランスを除くヨーロッパ諸国では未だ貴族のための学校が主であり、いわゆる庶民の義務教育制度がようやく貴族の学校とは別途に設立され始めたに過ぎなかったのである。「学制」で、四民平等に小学校への入学が求められたこの構想は極めて日本的な制度を確立することになった。

このような、四民平等の進んだ学校制度を確立しようとした背景には、華士族からだけでなく庶民からの人材の登用にあった。しかし、全員が最高学府の大学に入れるわけではない。政府の求めるその人材となるためにはピラミッドの階段となっている選抜制度を駆け上がらなければならない。しかし、多くの者は途中で篩《ふる》い落とされる。ここに、近代学校制度の逃れることの出来ない選抜制度という裏面が併存することになる。今日のわが国の教育の問題は、ここから始まっているのである。

四民平等に小学校に入学させるというこのような開明的思想による制度化は、岩倉具視一行の欧米視察の間に、大隈重信等の急進的開明派の方針が具体化されたものである。つまり、「学問」を人民に与えるために学校を設立することを意図していた。新設文部省の文部大輔という責任者には江藤新平が就いていた。大隈と江藤は佐賀藩で世界の進歩的気風を進取しており、世界の進んだ実状を手本としていたことは想像に難くない。

「学制」第一二章では例外として私塾、家塾も認めているが、寺子屋や藩校や郷学を廃止して、まず学校を政府が設立する意図を人民に説明しなければならない。このために人民へのPRも兼ねて、「学制」を解説した「学事奨励に関する被仰出書《おおせいでだされがき》」(「学制序文」)を同時に公布した。

学問の場所だった学校

「学制序文」の全文は九〇〇字ほどの短い文章である。用いられている漢字の中には読み方のルビを右側に、意味のルビを左側に振っている。「学問」は四回用い、読みを一回だが「がくもん」と附している。特に「学制」に「がくもんのしかた」、「学校」に「がくもんじょ」、また「不学」に「がくもんせぬ」と意味のルビを振っていることが注目される。そして「学」にルビを「がくもん」と附しているのが三回ある。ルビは附していないが名詞としての「学」が二回ある。この他、動詞として使用している「学ぶ」が五回ある。学校で学ぶという意味は学問をすることだったのである。

このように「学制」、つまり学校の設立は「学問」のためと解説したのである。この「学制序文」の中にも「教育」は使われていない。このことは前節で述べた文部省の設立目的と同じ学習支援のための成立であり、教育のためではないという解説であったことが分かる。

「学問」とは「智を開き才芸を長ずる」ことだったのである。これはeducationの概念に近いことが分かる。一八七三(明治六)年に松本市に設立された開智学校の名が想起される。

「学制序文」は政府が国民に対し学校の設立は「学問」の実施であることを訴えたのである。しかし、ほとんどの教育研究者の論は「学制」を教育の始まりだったとしている。すると、政府は「学制序文」

により国民を欺こうとしていたことになる。しかし、研究者の間では政府が国民を欺いたとする論はない。「学問」と「教育」は同じだと考えるのだろうか。前節でも紹介したように、文部省の設立も「学問」の実施だったことを考えると、政府が国民を欺こうとしていたとは考えられない。「学制序文」の最後部で地方長官当てに記した指示も「学問普及」のための学校の設立であったのである。

ここで注意すべきことは「学問」に関する歴史的意味である。しかし、文部省の設立、そして「学制序文」によって、学問は庶民、人民もすべき事とされたのである。つまり、学問はまさに四民平等のものとして宣言されたことを意味する。「学制」が公布された一八七二年の三月に福沢諭吉の『学問ノスヽメ』の「初編」が発行されて一世を風靡した。そこでは「天は人の上に人をつくらず、人の下に人をつくらず」とし、政府の「学制序文」の方針と差異が無いことが分かる。

『学問ノスヽメ』は人民に学問（勉学）を勧めたのであった。ただ、福沢は実学も唱道したが、その「実学」に〝サイエンス〟と振仮名を付けていたように、近代科学への傾倒を主張していたのである。もっとも、福沢の学問観は「銘々の家業を営み、身も独立し家も独立し天下国家も独立すべきなり」のように、自由主義的、功利主義的な学問観であり、今日の教育の混乱と無縁とはいえないが、封建時代の身分制を打破する学問の位置づけとして意味があったといえよう。

不就学への警鐘

なお、「学制序文」には既に今日的な問題が提起されていた。例えば、「学ざる事と思ひ一生を自棄するもの」と警鐘を鳴らしていた。学ばねば〝ニート〟になるぞとの警告であったと言えよう。

ところで、先に「学制」は義務制を定めたとしたが、これは補足すると今日のような無料の義務制ではない。「教育」ではなく学問だったので、「有料義務学問」ともいえる。つまり、学費を払って学べ、とした法律であった。「学制序文」は次のように記していた。

但従来沿襲《じゅうらいえんしゅう》《これまでしきたり》の弊《へい》《くせ》学問は士人以上の事とし国家の為にすと唱ふるを以て学費《がくひ》《けいこりよう》及其衣食《いしょく》《きもののくひもの》の用に至る迄多く官《くわん》《やくしよ》に依頼《いらい》《よりもたれ》し之を給《きふ》《くださる》するに非ざれば学《まなば》ざる事と思ひ一生を自棄《じき》《じぶんからすて》するもの少からず是皆惑《まど》へるの甚《はなはだ》しきもの也自今以後《いまからのち》此等の弊《へい》を改め一般《いちどう》の人民他事《たじ》《ほかのこと》を抛《なげう》《すてをき》ち自ら奮《ふるつ》《はげみ》て必ず学《がくもん》に従事《じゅうじ》《よりしたがい》せしむべき様心得べき事

右の「序文」の部分は、明治五年まで庶民が寺子屋で学んでいたことを無視した解説であるが、寺子屋のような謝礼ではなく、学費の徴収を明確に述べたのであった。

もちろん、有料の学校を強制するだけではなく国民をなだめるために、「学制序文」には、「学問《がくもん》は身を守るの財本《ざいほん》《もとで》」であり、学べば「身を立てるの基《もとい》」であると、甘言も述べていた。通学が有料だという負担は「立身出世」のためになるとして国民をなだめたのである。しかし、長年に身に付いた世襲制の観念から「立身」と言われても農民達が信用できる訳はなかった。ここから疑問は大きくなり、五節に紹介する争議になるのであった。

ここで確認しておかねばならないことは、右のような明治初期の「学問」観は今日のような普通教育と職業教育を区別しない、「士官《やくにん》農商 百工《ひやくこう》技芸《ぎげい》及び法律政治《ほうりつせいじ》天文《てんもん》医療《いりよう》《やまひいやす》等」のようにあらゆる内容を包摂した学問だったことである。

以上のように、学校の意義を人民に説いた「学制序文」は文部省設立を周知した布達と同様に「教育」を用いていなかったことが注目される。そして、学校の役割を表す用語として「学問」の言葉で説明していたことは軌を一にしていたのである。

二、「教育令」による文部省と学校の変質

江戸時代から続いた学問は、個人が自身のために学ぶ行為であり、「教育」は使われていなかった。ただ、例外的に「教育」を学者が自分自身を高める〔自己〕教育の意味で用いていたようである。ところで、一八七二（明治五）年の「学制」の理念は政府の進める富国強兵・殖産興業の方針とは異なることが分かる。しかし、明治政府の人材形成の目的は国家のために働く臣民であり、兵隊でなければならない。この方向に人材形成を再編すべき事になる。そのために「学制」を廃止して制定したのが一八七九（明治一二）年の「教育令」であった。第一条は次のように規定された。

全国ノ教育事務ハ文部卿之ヲ統摂ス故ニ学校幼稚園書籍館等ハ公私立ノ別ナク皆文部卿ノ監督内ニアルヘシ

文部大輔《だいふ》であった田中不二麻呂は「学制はとかく画一の規定にして干渉に過ぐるとの論難とに依て」「学制」を改正することにしたという。しかし、「教育令」は「政府始め一般の人が、西洋に沈酔したる傾あるから、之を矯正せねばならぬ、又我が国粋は、宜しく保存せねばならぬ、と云ふことの世論が、中々囂々《なかなかごうごう》として喧しかった」ため、「教育の方針も一変して、生徒の教養上、明かに忠孝彝倫《いりん》の道を以て主義とすることを発表された」という。その後次第に、教育に関する統制が強化されることになる。特に、翌年の改正「教育令」による統制が決定的であった。「学制」で「小学校ハ教育ノ初級ニシテ人民一般必ス学ハスンハアルヘカラサルモノトス」を「教育令」では「小学校ハ普通ノ教育ヲ児童ニ授クル所」としたように、目的が変化していることが分かる。

「教育」と「学問」の区別を明確に打ち出したのは、初代文部大臣の森有礼であり、一八八五（明治一八年）に「第三次」の「教育令」を公布した時である。その時、それまでの「学問」と「教育」の使い分けのあいまいさを戒めたのである。つまり、国家が国民に要求する「教育」と学問の種類と程度のあり方と同時に、逆に国民が自分のためにする学問に対して国が行う補助の程度のあり方について検討が始まった。併せて日本独特の運動会や遠足により集団主義的教育の実施を指示するが、それは国家の教育としての体系化の一貫であった。

このように「学制」という法律から勅令の「教育令」に変わり、教育は富国強兵策を進める明治政府の国家政策の重要な柱になったのであった。わが国の教育は「教育令」により始まったのである。「教育令」により、「義務学問」は有料の「義務教育」になった。大田堯が「教育」は官製である、とした意味は以上のようなことであった。

ちなみに、それまでの「学問」が今日のように研究的要素を含む学問になったのは、一八八六（明治一九）年の「各省官制」で「文部省」を「文部大臣ハ教育学問ニ関スル事務ヲ管理ス」と規定して、「教育」と分離した定義をした時からである。

「教育令」による臣民の教育は、武士のために行っていた教育に農民をはじめとした庶民を組み込み、庶民の権利は認めず政府の方針に従わせつつ、かっての武士の目標であった出世や立身を鼓舞することにより、庶民を精神的に取り込んできたのである。

「教育」により、教部省とは異なった国民形成策の展開が始まったと言える。

「立身出世」という教育の効能

しかし、生活が苦しい庶民にとっては「義務教育」を受けることによって簡単に「立身出世」の夢が持てるものではない。そこで、「教育を受ける」ことが庶民にもメリットとして「立身出世」に連なるとの甘言も併せて発信した。それは、教科書で、そして唱歌によってもたらされた。

勉強のすすめを政府は教科書によっても直接に指導した。大正時代の尋常小学修身書の「ベンキョウセヨ」にはステッキを持ち帽子を被って歩く「紳士」の道ばたの木に寄りかかったホームレスの絵を載せて解説している。元は同じ学校に通っていたが、一人は勉強しなかったため「コンナアワレナ人トナリマシタ」、他方は勉強したので「イマハリッパナ人トナリマシタ」と、「立身出世」のための勉強を奨励していた。

先に見たように、この頃は既に政府・文部省は「教育」を強調していた時期である。つまり「教育」政策下において立身出世が鼓舞されたのである。国民は「学問」から「教育」に転換した認識のないまま、立身出世の鼓舞だけを感じたであろう。

政府推奨の歌は一八八一（明治一四）年の『小学校唱歌集　初編』から、一九三五（昭和一〇）年の『新撰尋常小学唱歌』までおびただしく刊行された唱歌集に掲載されていた。一八八一（明治一四）年の初編に載った「ほたるの光」は〝わかれの歌〟として今日でも慕われている。その一番では「書《ふみ》よむつき日、かさねつつ」と勉学を説き、三番では「ひとつにつくせ、くにのため」と国家主義を歌わせた。

一八八四（明治一七）年に三番目に出版された『小学校唱歌集（三）』には「あおげば尊し」がある。最近の卒業式の曲では低位に甘んじているようだが、その二番では「身をたて　名をあげ、やよ　はげめよ」と立身出世を説いたものであった。この原曲には「師の恩」、「身を立て、名をあげ」などの歌詞はなく、国家の施策を反映していた。庶民の子弟も教育を受けて「故郷に錦を飾る」ことが目標になるように歌によって誘導された。

官僚は教育を受けた士族の子弟が多く、藩校で受けた経験が明治の学校運営にも有効であると考えたと思われる。教育による立身出世観は次第に普及したと言える。

「勉強」は借用語である

今日では「勉強」を“Learning”の意として誰も不思議には思わず使っている。

しかし、「勉強しなさい」と言われるのは厭な思いになるのも誰もが感じたことであろう。なぜ厭になるかというと、「やりたくないことを強いて勉めること」が「勉強」の本来の意味であり、関西の商人が使う「勉強しまっせ」が正しい意味だからである。中国人が「勉強」を"Learning"の意と聞いて驚くことは当然である。なぜこのようなことになったのか。

元来「勉学」の意は学問に勉めることであった。ところが、政府が学問を「教育」に変えたため、「勉学」は「勉教」となる。しかし、教育は政府の政策であり、「勉教」であれば政府が教育に勉めることとなり、人々が行うことではなく、教育政策と矛盾する。

そこで、「勉教」ベンキョウと同音の「勉強」を借用語として用いるようになったのである。「教育」の普及と伴に「勉教」も広まったのであった。

「授業」という上意下達

似たような言葉の意味の変更に「授業」がある。「授業」とは元来は「業《わざ》を授けること」であり、講義を受けることでは無かった。むしろ、なにがしかのことを授ける立場のことを意味していた。例えば「授業生」とは生徒のことではなく、明治時代には訓導と助手の間に位置付けられた教員の呼称として使用されていた。

ちなみに、「文部省布達一三号」にあったように、講義を受けることは「受業」だった。

ところが、「皇国民の錬成」が進むにつれて、それまで使用されていた「教授」の言葉も変化させられた。木村元によると、戦時下の一九四一(昭和一六)年に尋常小学校を改称した国民学校において教師と生徒との関係を示す言葉として「授業」が使用されるようになった(『学校の戦後史』岩波新書、二〇一五年）と言う。

「授業」の言葉にも時代が反映し、そのまま今日まで使用されているのである。

四、後回しにされた困窮者の支援

都会の下層社会での学校設立の遅れ

明治初期は有料の「義務教育」だった。しかし、困窮者には意味の分からない〝立身出世〟のために子弟を学校に通わせる資力はない。困窮家庭は学費の支払いに窮するばかりでなく、労働力である子弟を奪われることになる。こうしたことはいつの世もどこの国でも同じである。当然ながら貧困世帯が集中している地域では、学校設立のための寄付が集まりにくい。政府、自治体の公金による設立を待たなければならず、学校の設立は遅れた。

これらの困窮家庭の就学の支援は当然に政府の義務である。「小学校教育費国庫補助法」の制定は一八九九（明治三二）年であった。それでも貧困地域で直ちに学校が設立されたわけではなかった。そのような中で、開明的篤志家は庶民の勉学を支援する策を進めた。

例えば、（芝の）「新網にては明治二〇年まで学校のガの字だに聞かざりしが、この年細谷勝豪という人西教信者をもてこの窟に投じ、……温習学舎なる一校を起し」た、という新聞記事に見ることができる。東京には当時、次に紹介するように新網町《しんもうちょう》の他にも多くの〝下層社会〟の街があったことはよく知られている。

その打開が始まったのは次のような「貧民学校完成」の報道にみれば東京においては一九〇七（明治四〇）年のようである。

芝の新網と云へば名代の貧民屈なるが従来特殊学校の設けなかりし為め児童に対して普通教育を授くる能はざるより三十八年の市会に於いて建築を議決し九千七百十六円余の予算を以て巳に工事を着手したるが遅くも来月中には竣工の筈にて来るべき四月の新学期より入学せしむる準備中なり……各貧民屈の特殊学校の内其最も古きものは下谷萬年小学校なり……今回の新網特殊学校にて凡ての貧民屈に於ける教育機関は完成を告げたるものと謂ふべし。（『東京朝日新聞』、明治四〇年二月七日。ルビは省略した）

このことから、「学制」第二十一章、第二十四章に規定していた「貧人小学」が東京の芝ではようやく三五年目にして実行されたことを示している。

四年制義務教育の就学率は一八九一（明治二四）年にようやく五〇％を超えたが、教育費国庫補助が始まると八〇％を超えた。一九〇七（明治四〇）年に義務教育が六年制になったが就学率は少しずつ上昇した。

石井十次の「時代教育法」

石井十次《いしいじゅうじ》（慈善事業家。一八六五〜一九一四年）は発起人となり明治二〇年に岡山孤児院を設立した。

岡山県（北条県）は次節で紹介するように明治六年の「学校焼き討ち」が勃発した県であり、貧困農家が多かったことが窺われる。石井は医者を目指して岡山医専に進んだが、その間にキリスト教の信徒となり、少年時代に見た友の困窮から脱出するための方策を模索し、孤児に教育が重要と考え孤児教育会の設立を決意し、医者への道を断念した。

孤児教育会は岡山孤児院と改称し、岡山孤児院では将来的な自立を支援するための家事や職業技術の学習支援が整備された。日本一の規模を誇り、最大時一、二〇〇名を収容したが、食台の上におひつが置かれ、おかわり自由の食事風景の中の子どもたちの嬉しそうな顔の写真を見ると、岡山孤児院の運営の良さが伝わってくる。

石井には「労働学問並行の教育主義は、社会経済より論するも、体育上より論するも、道徳上より論するも、国民生活より論するも非常なる実効あるならん」というモットーがあったが、このような石井の思想にはルソーの『エミール』に出会い、公教育への対決的姿勢が込められていた。

実業の場として活版・製本、理髪、農業、機業、鍛冶、大工が整備された。実業は単なる実習ではなく、孤児院の運営費の捻出のためにも有効であったはずである。その理念は次の岡山孤児院憲法に定められている。

「岡山孤児院憲法」（明治二八年三月）

第一　目　的

天下無告の孤児を救済し其父母に代りて養育するを目的とす

第四　教　育

児女既でに一定の年齢に至れば、昼間は実業に従事せしめて、已れのパンを食はしめ、夜間は文学技芸を学ばしむ

「一定の年齢」が気になるが、「孤児教育会概則」の「孤児教育院」の教育については次のように記していた。

普通教育を施す
但し年齢十才以上のものは勉学の傍ら附属の製造所に於て工事を学ばしめ満十五才に至れば退院せしめ各々其の才能に従ふて相等職業家に預け抜群の児童は尚ほ進んで高等の教育を受けしめ本会事業拡張の時運到来する時有志の青年は之れを本会植民地に移住せしむ

このように年齢段階で教育内容を変更することを石井は「時代教育法」と名付け、「労働自活主義」を展開したのである。右の教育の説明で、「普通教育」としているのは、一八九〇（明治二三）年に改正された「小学校令」が「普通ノ知識技能ヲ授クルヲ以テ本旨トス」としていたこと、実業はやや年齢が上の者を対象にした課題であったためではなかろうか。

石井は慢性の持病を抱え、故郷の現宮崎県高鍋に茶臼原孤児院を併設し、次第に活動を茶臼原にて行うようになったが、一九一四（大正三）年に没した。二代目院長になった大原孫三郎が事業を引き継

いだが、大原は慈善事業による當該事業では無く「児童保護法」に待つべきとして一九二六（昭和元）年に解散を宣言した（石田祐安『岡山孤児院』、明治二八年。細井勇『石井十次と岡山孤児院』、ミネルヴァ書房、二〇〇九年）。

右のように、岡山孤児院の様々な孤児支援の活動はわが国の人間育成の先駆的一ページを飾ったことは間違いない。岡山孤児院に似た施設は他にもあった。例えば、やはり学校破壊騒憂事件が起きた岐阜県では、岡山孤児院の教育方針と類似した濃飛育児院が一八九五（明治二八）年に五十嵐喜慶により設立された。

新渡戸稲造の札幌遠友夜学校

北海道では新渡戸稲造（一八六二〜一九三三、農業経済学研究者。国際連盟事務次長も務め、『BUSHIDO』の著者）が札幌市で開設した遠友《えんゆう》夜学校がある。

新渡戸は一八八四（明治一七）年にアメリカに私費留学したとき、帰国後に（一）成人を対象とした歴史、経済学、農学及び自然科学、（二）大学入学を希望するが予備校に入れない青少年、（三）貧困家庭や日雇労働者の子弟の夜学校で日本語、英語を少々、算数を教え、女子部では刺繍、裁縫、編物等が勉学できるようにする、という三種の札幌市民学園の創設を考えていた（松下菊人『国際人新渡戸稲造』ニューカレントインターナショナル、昭和六二年）。

新渡戸は右の抱負のように、庶民への生きるための学習の保障を考えていた。

やがて、遠友夜学校が、一八九四（明治二七）年に新渡戸と妻メアリーにより、貧困等で学校に通うことのできない子どもたちのために創設された。当初は初等部、後には中等部が整備された。学校の運営には有志の市民が当たり、札幌農学校・北大関係者が中心的な役割を果たした。また、多くの農学校生・北大生が教師を務めた。
新渡戸の夜学校の理想は、「学問より実行」、「去華就実」であり、実学の尊重にあった。札幌遠友夜学校は次の三条をモットーとしていた。

一.「友あり、遠方より来たる　また、楽しからずや」
二.「学問より実行」
三.「With malice toward none, With charity for all」
（何人にも悪意を抱かず、すべての人に慈愛の心を持って）

北海道大学教授で三代目校長であった半澤洵は次のように紹介している（「新渡戸博士と札幌遠友夜学校」、『新渡戸博士追憶集』刊行会、一九三六年）。
札幌遠友夜学校は、普通学の外、看護法、礼式、裁縫、編物等の実用学科に重きを置き、更に国民として恥しからぬ趣味と常識と品性の陶冶に力を注ぎ、毎日曜には修身講和をなすを常とした。夜学校の運営は有島武郎等の著名人や北海道大学の学生がボランティアで関わり、看護婦を巡回させ、或は消毒薬を配布する等、恰もセッツルメント事業の如き役割を果たしていた。

新渡戸は初期の六年間は札幌にいて直接夜学校に関わったが、一八九七（明治三十）年に宮部等に後を託し離道した。後は、一九〇九（明治四二）年と一九三一（昭和六）年に帰校して講演等を行ったのみであるが、新渡戸の思想は受け継がれた。

内容の充実も進み、一九一一（明治四四）年に内務省と北海道庁から補助金を得、一九一六（大正五）年には私立学校として認められ、さらに一二年には財団法人となった。合わせて千名を超える卒業生を出したが、一九四四（昭和十九）年、戦時体制の中で一定の役割を終え、五十年に乃ぶ歴史に幕を閉じた。

以上のように、困窮家庭の子ども達のための学習支援が、生活の自立を重視しながら展開されていたことが注目される。このような篤志家の設立した学校が他の地域にもあったであろう。ただ、札幌遠友夜学校は残り、岡山孤児院は廃止されるという異なった経過は何を意味しているのか今日にも問われていると言える。

障がい者の職業支援活動

社会的不運者は近代化が進むほど多くなるが、職業的自立を支援するために篤志家や福祉団体が手を差し伸べたことが窺われる。具体的な史料が残る施設として一九〇四（明治三七）年に鉄道保養院が「不具廃疾となりし者」を対象に授産場を設立した。

学校では一九二〇（大正九）年に日本聾啞学校が「職業補導部」を附設して職業支援を実施したのが

始まりのようである。ちなみに、以後に「職業補導」は今日の公共職業訓練の意味として用いられるが、最初用いられたのが聾啞学校だったということが注目される。

また、一般の障がい者を対象とした施設は、関東大震災（一九二三〔大正一二〕年）後の住宅再建対策として設立された同潤会が一九二四（大正一三）年に同潤会啓成社を併設し、「授産場の経営」と職業訓練を行ったのが嚆矢である。啓成社は一九二八（昭和三）年に独立したが、日華事変期になると傷痍軍人のための施設に変質させられた。以降に設立される障がい者施設は敗戦まで傷痍軍人対象の施設として運営される。

戦後は再編され、「職業安定法」を経て「職業訓練法」、「職業能力開発促進法」の下で障がい者の職業支援が展開されてきた。

庶民・貧困家庭の子弟の支援施設では、生きること、働くこと、学ぶことが密接に関連づけられて実践されていたと言える。

五、農民による学校拒絶から学習権要求へ

農民の困窮の深化と政府批判

国民の大半を占める農民の生活は苦しく、子弟に教育を受けさせる余裕は無かった。その大きな要因は一八七三（明治六）年に制定された「地租改正条例」にあった。地租改正は「改正」という名称を使い、政府が国民を欺いた最初の法律だったのではなかろうか。政府が地租改正を実施したのは、財源

の確保を容易にするため、それまでの年貢制を止めて、金納制の税制を農民に課すためだった。ちなみに、一八八〇（明治一三）年の国税は約七七％が農民の納める地租でまかなわれていたのである。地租改正によって農民の困窮は一層進んだのである。以下、青木虹二の研究（『明治農民騒擾の年次的研究』新生社、昭和四二年。『大正農民騒擾史料・年表』第一～三巻、厳南堂書店、昭和五二年）から紹介する。

地租改正により、小規模農民は税金の立て替えを地主や大規模農民に頼まざるを得なかった。ところが、その秋の収穫が予想を下回ると返却できないため借金となり、担保の農地が取られることになり、次第に地主制が形成されたのである。地主制は江戸時代ではなく地租改正によって確立したのである。この結果、農民騒擾の実態は江戸時代よりも明治時代が激しくなった。農民騒擾の発生は明治時代には二、五〇〇件近くであったが、（大正元）年代は一、四七一件、一〇年代に一、九五一件に上っている。困窮打開の農民運動の中に、学校に対する激しい要求が出ていた。

江戸時代の世襲制を体感していた貧しい農民は「学制序文」によって「立身出世」を唱えられても信用することはできなかったであろう。納税だけではなく、戦争に出る必要がなかった農民までも徴兵されることになり、政府への反発は強まるばかりであった。農民の反発におそれた政府は、明治一〇年の一月に地租を三％から二・五％へ軽減したが、農民の反抗は収まらなかった。

先に「学制」は平等主義、合理主義、実学主義で整備されたとしたが、国民の絶対多数であった農民から見ると、農民の実情を無視した難題であった。農民騒擾の中には学校問題を掲げた争議が多いことがそれを示している。大正時代までの学校問題を掲げた農民の争議は次ページの表のように四二一件に昇った（最後に紹介する木崎村の争議は含まない）。

経営		教職員			その他			不明問題	反対争議
工事問題	二部制	校長問題	教員問題	視学問題	差別問題	他学校	政治問題		
									13
1						1			4
1			1			3	2	4	1
9		7	1		1	4	2	23	10
25	1	14	2	1	2	5	2	3	6
36	1	21	4	1	3	13	6	30	34
37		26			22				

表の右端の「反対争議」とは、学校問題に反対する要求を掲げた騒擾であり、「小学校費反対」、「学校賦課金反対」、「学校新築費反対」、「小学校廃止」、「学校引渡し要求」、「教育内容反対」、「学校破壊」のような内容である。学校反対についての争議は次第に減少し、比率は少ないが大正期にも発生していることが注目される。

特に、一八七三（明治六）年以降の「学校破壊」は「学校焼き討ち」にも拡大したが、その理由は「小学校費反対」、「学校賦課金反対」、「学校新築費反対」にあるように、貧しい農民達への課税と徴収にあった。例えば、有名な開智学校では建築費の約七割を松本町全住民の寄付により調達しており、同様に国の重要文化財に指定されている伊豆の岩科学校では村民の八七％が拠出し、建築費全体の四四％をまかなっている。他の地区の学校建築でも同様であったろうと推測され、学校建設に苦しい農民達が反発したことが窺われる。

この経過は倉沢剛が解明しているが、端緒は一八七三（明治六）年の北条県（現岡山県）の騒乱である。ここでは学校三校を焼き討ち、一五校を破壊し、教員の官舎等が被害を受けている。これらの他、県出張所、巡査の家、豪商宅、民家等も多数破壊さ

表　明治・大正期農民騒擾の学校問題要因別一覧

	就学争議	学校位置			増設要求・廃止反対				
		敷地問題	位置問題	移転反対	学（分）校増設	新築問題	合併反対	学（分）校廃止	格下縮小
明治 6~10年									
明治11~20年	4				1			1	
明治21~30年	26	6	3	1		4		1	
明治31~40年	163	17	18	13	6	15	25	16	6
明治41~大正6年	194	13	11	27	14	20	39	12	3
計	421	36	32	41	21	39	64	30	9
		109			163				

れている。次いで鳥取県（二校一所）へ飛び火し、福岡県（二九校）、名東県（香川県・四八校）、茨城県（未遂）、一八七六（明治九）年の三重県（四〇余校）・岐阜県（七校）・愛知県（二校）へと続いた。

このような学校破壊活動は自然に収まったわけではない。国民の学制反対運動は全国的に広がる気配を示し、警察ではその動きを止めることが困難であった。なぜなら、学校の近くにあった警察署も同時に襲撃されるほどの厳しい闘争だったからである。従って、その運動は軍隊の出動によってようやく鎮圧されたのである。

村々に浸透した寺子屋を農民の親たちが破壊したという記録はない。寺子屋と学校へのこのような親たちの態度・行動の大きな違いを示す理由は何であろうか。

学校拒絶から学習権要求へ

やがて、農民の要求は学校への就学要求へと変わり、その内容も教育の充実へと拡大した。この多くの争議は、農民の子弟の就学がより容易になるようにすべきであるという要求である。それは、学校の増設要求、分校等の廃止反対を要求する争議が最も多く一六三件となっている。本校を分校に格下げすることに反対する争議もある。次に、通学をより容易にするための位置問題を要求する争議が多く一〇九件である。このような争議の多発には、一九二二（大正一一）年に出された「小学校教育費の整理節約に関する訓令」の影響も出ているであろう。次に学校の増改築や工事の不正問題を指摘する争議が続く。特殊な例として、児童の増加に対応するための二部制を実施することに反対する争議もある。

また、校長や教員に対する争議の中には、わずかだが教員の転任に反対する争議もある。おそらく、子どもたちに慕われた教員の慰留を要求したのであろう。後に紹介する新潟県木崎村でも同様な問題が起きるが、極秘に当該教員を転勤させ、争議にならないよう手を打っている。

差別問題の発生が少ないが、四件の内二件の被差別部落問題は同盟休校に発展している。差別問題争議が少ない理由は、今日的な人権感覚が発達していない当時は、小作人の子弟への人権侵害については余程重大で、また多数の子弟に関わる問題の場合しか争議に発展しなかったのだろう。

「他学校」問題とは、例えば一八九三（明治二六）年三月五日に奈良県奈良町で起きた「郡山町への中学校新設反対、数百人」とあるように、中学校、農蚕学校、高等女学校等の新設に反対する争議である。これは尋常小学校の問題ではないが、農民の子弟の学習をより容易にするため、その前に子弟が通う尋常小学校に経費を注ぐべきだという要求であろう。

なお、「政治問題」とは、争議の要因が選挙や政治問題であるが、一八九八（明治三一）年に福島県小手川村で起きた「選挙のあつれきから、子弟を同盟休校さす」や、一九二六（大正一五）年の奈良県葛村での「立禁反対、小学生を盟休さす」のように、学校批判運動と連動させたのである。

そして、金銭の支出に反対するだけではなく、一九二一（大正一〇）年に静岡県富岡村で起きた「分教場設置負担の公平要求」のように、経費負担の公平感を求める争議もあった。これは、小作農民の負担軽減を要求した争議と言える。

以上の争議は、倉沢が解明した明治初期の争議内容とは変化し、暴力的反対争議ではなく示威行為が中心であることが特徴である。このように、学校問題を掲げた農民争議は頻発するが、基本的に学校への子弟の通学を容易にさせる、就学の要求闘争であり、これが拡大したと言える。特に明治末期から学校問題が多発したその一因には、一九〇七（明四〇）年に「小学校令」を改正、農民にとっての負担増となる義務制を六年にした学制改革もあったのではないだろうか。

「学制」時代の農民による学校焼き討ち事件から、明治中期以降の分校等の設置要求等への運動の変化は、大きな思想の転換だった。それは、金銭がかかり農民の役に立たない普通教育や教育の中核であった修身教育を拒否し、農業技術を含む農民のための学習を要求した、と考えれば理解できる。就学の要求とは、政府の進める教育とは異なる、農民のための学習・学問の要求だったのである。

学習権要求の同盟休校

右に述べた転換は一見、学校の否定から教育充実の要求に転換したように思えるが、それは農民の子弟の自立のための就学を容易にさせる闘争だった。つまり学習する権利の要求であった。臣民に権利など無い時代において政府の意図する教育とは異なる「非教育」を要求したのである。

これらの争議の中には各県の「警察処罰令」が犯罪と規定した子弟の同盟休校に発展する争議も勃

表　明治・大正期発生同盟休校一覧

元	年	月	日	所管	地域	新聞報道タイトル
明	31	7	上	福島県	小手川村	村会選挙のあつれきから、子弟を同盟休校さす
明	40	4	29	新潟県	赤泊村	教員に反対、児童を同盟休校
明	41	2	上	岐阜県	串原村	本郷小学校長不信任、40人の児童を同盟休校せしむ
明	42	4	29	埼玉県	馬宮町	校長の転任反対、小学校の父兄、児童470人を盟休さす
明	42	10	中	長野県	明盛村	分教場存廃につき、児童30余人を盟休さす
明	43	4	7	新潟県	加治村	小学校問題から、児童を盟休せしめ、100人、村役場に押しかく
明	44	1	中旬	新潟県	栗林村	校長に反対して、児童を盟休さす
明	44	1	19	和歌山	海草	特殊部落の児童が…侮辱されたため、…児童を休校さす
明	44	2	中旬	岡山県	大井村	小学校新築にさいし、敷地問題で紛議、4月6日、児童を休校さす
明	44	2	下	奈良県	片桐村	地主と小作人の対立、小作人、児童を同盟休校さす
明	44	3	中	栃木県	三芳村	役場助役との対立から、小学校児童を同盟休校さす
大	1	2	2	千葉県	東陽村	小学校の位置問題から児童を盟休さす
大	1	4	29	神奈川	南毛利	小学校の敷地選定に不満で、60人の生徒を盟休さす
大	5	6	15	岐阜県	根尾村	村長排斥から小学校児童を盟休さす
大	7	1	下	神奈川	大和村	小学校北分教場教員を排斥、児童を盟休さす
大	9	9	13	山梨県	大須成村	小学校の移転反対、児童110人を盟休さす
大	10	6	14	和歌山	湊村	小学校校舎改築問題から生徒盟休
大	11	4	4	大阪府	清水村	転校による通学困難から生徒を盟休さす
大	11	4	−	大分県	名護屋村	学校統一問題から小学校生徒盟休
大	11	12	24	和歌山	上神野村	小学校合併問題から児童盟休
大	12	4	2	神奈川	依知村	分教場問題から児童を盟休さす
大	12	4	21	山梨県	広里村	小学校の一部移転授業から児童を盟休
大	12	4	30	大分県	名護屋村	分校復活の要求を拒否され、児童を盟休せしむ
大	12	4	−	石川県	越路野村	小作争議から児童を盟休
大	13	2	17	京都府	物部村	差別事件から小学生児童を盟休さす
大	13	2	29	徳島県	桑野村	小学校増設の延期反対、児童を盟休さす
大	13	4	24	茨城県	小栗村	小学校長排斥、児童を盟休さす
大	14	3	5	茨城県	大宝村	小学校改築問題、小学生盟休
大	14	4	4	栃木県	小俣町	小学校の分教場格下げに反対、児童を盟休さす
大	14	4	5	愛知県	坂下村	小学校の二部制に反対、児童を盟休
大	14	9	1	福岡県	福岡市	小学生の移校反対、児童を盟休さす
大	14	10	28	新潟県	平林村	小学校建築問題から児童を盟休
大	14	5 7 9	18 19 8	新潟県	木崎村	強制的農地立入禁止に抗議して同盟休校入り 郡下の街村で木崎村の同盟休校に同調して同盟休校入り 農民代表、県・警察と和解する　(注)
大	15	6	19	奈良県	葛村	立禁反対、小学生を盟休さす
大	15	7	31	群馬県	笠懸村	小学校の復活を拒否され、不納同盟、児童盟休、300人
大	15	12	13	山形県	西山村	小倉分教場の移転問題から移転派児童を盟休さす

(注) 大正14年の新潟県木崎村の説明は新聞タイトルではない。

発した。明治・大正期で新聞報道で明らかになっている争議は右表のように三六件に昇る。新潟県での発生比率は高く、特に、一九二五（大正一四）年の木崎村争議は規模から言っても内容からも前代未聞の争議となった。

木崎村農民小学校における「非教育」の追求

木崎村は当時の新潟県北蒲原郡の西部にあったが、今は新潟市の東部に位置している。

木崎村があった北蒲原郡では一九〇〇（明治三三）年度の就学状況を見ると、「貧窮で猶予された状況」が県下で最高の三二パーセントであったが、「疾病のために猶予された」児童は一パーセント以下であった。つまり、就学猶予は療養のためではなく、貧困のためであった。新潟県の農民騒擾も江戸時代の越後よりも多いことは言うまでもない。

政府の施策に対する農民の不満は、一九〇八（明治四一）年に「新潟県輸出米検査規則」が施行された時、米穀商が乾燥の徹底、二重俵装、四斗俵を強制をしたことにより、小作農は一俵当たり三升の損失になるため、その保障を求めたいわゆる「三升米騒動」から強力になり、以後、地主と農民との対立が深まった。地主は憲法、民法を盾にした司法に支持され、また警察権力の支援を受け、貸し金の担保で得た農地の確保のために強制執行に訴えて小作農を苦しめた。

ついに農民達は一九二五（大正一四）年五月一八日に「声明書」を発表して児童の同盟休校に突入した。同盟休校は五月一九日より始まり六月一〇日から七月末までの一学期間に及んだ。この間、木崎村の児童一、三〇一人の内、最高で三八％（四九四人）が参加している。木崎村争議の支援は広がり、

「木崎村の五六〇人余を筆頭にして、中・南・北・西蒲原郡内六町二八ヶ村にわたって大々的に行はれその児童約三千人におよぶ」同盟休校に発展した。

ところで、児童を休校させることを農民達は望んでいたのではなく、五月二一日には五項目の「経営方針」と「授業統一方針」を決定し、村内六ヶ所にて同盟休校の児童を対象とした自主授業が開始された。激論の末に次のような「授業統一方式」を同時に決定した。

一、学校の先生は恐しい者でないことを先づ児童に植へ込むこと。
二、児童は誰しも偉く且つ平等であることを観念づけること。
三、教授方式は自由奔放とし逐次一つの線に誘導すること。
四、国定教科書中修身は放棄すること。
五、児童の個性は思ひきり伸し尊重すること。
六、男女生徒に差別観念を与へないこと。
七、土百姓の子供といふ卑下心を取去るやうにし、働く農民といふ誇りを与へること。
八、階級闘争の理念を逐次盛りあげること。

このような「方針」を決定せざるを得ないほど、小作農民の子弟への酷い教育が実施されていたことが推測される。そのような中で特に、第四項の修身教科書を放棄するという方針は、国家による教育の核心が修身であったことを考えると重要である。このことは、運動方針である平等、自由、個性尊重、非差別等と関連し、政府の教育を忌避する「非教育」と言える。

それまでは借家の七ヶ所に分散して学んでいた同盟休校児童を、一つの校舎で学ばせたいとする大人達の熱意は全国の支援を受け、六月一五日に無産農業学校協会が設立され、準備は進んだ。度重なる妨害を受けながら、木崎村農民小学校は設立された。

木崎村の争議は農民組合の強力な支援を受け、東京等での演説会の開催で支援を呼びかけ、反響が巻き起こった。最も決定的な支援は文士の援助である。『東京朝日新聞』は六月二五日に「問題の農民小学校いよ〳〵七月に開校　同情した文士連中が小説集を出して応援」の記事を掲載する。これは、芥川龍之介、菊池寛、佐藤春夫等二〇人の文士が寄稿した『農民小説集』（新潮社）が発行されることのスクープだった。

『東京朝日新聞』に木崎村に関する記事が載り、『農民小説集』発行の紹介を皮切りに木崎村問題は政界も無視できなくなった。国会も政府もこの後の木崎村争議の解決に向けての具体的な対策を検討したのは当然であり、その結果九月八日に争議はようやく終息したのである（「木崎農民小学校の『非教育』の実践」、『明治大学社会教育主事課程年報』、二〇一五年三月）。

六、文部省の廃止世論と擁護論

「教育」の庶民への浸透と文部省の廃止論

ところで、「教育令」が施行された後も文部省と学校の名称は変わらなかった。つまり、学問のために設立した文部省と学校の呼称は、学問が法令で「教育」に変わってもそのまま継続したのである。つまり、看板は「文部」のままで、実態は「教育」を行う偽装が始まった。つまり、教育のための文部省であることが追求されたのであった。

ただ、教育が普及すると、富国強兵策に乗り、より強力な教育を求めて、文部省ではその施策が弱腰である、弱体の文部省は不要だ、との文部省廃止論がますます強まってきた。

そのような文部省廃止論を沈めるのに大きな役割を果たしたのは「学制」制定の陰の立て役者であった大隈重信であった。つまり、大隈は文部省の温存を決定づけたのであり、教育の省になった文部省の偽装化におおきな役割を果たしたのであった。

大隈重信の文部省擁護論

大隈は一八八一（明治一四）年の政変で伊藤博文等により政府を追放されたが、一八九八（明治三一）年にわが国初の政党内閣を組織して首相となった。前後して明治三〇年代になると、文部省の存廃問題が世論の関心となった。マスコミでは廃止論が支持を得て強くなっていた。

反対の世論に対抗して文部省廃止反対同志会が組織され、一九〇三（明治三六）年の演説会で大隈は次のように述べたのである。

教育は開国進取、世界萬国と文明を競ふ、学術に於ても道徳に於ても文学に於ても美術に於ても富に於ても世界の先進国と競争しやうといふ基を拵《こしら》える、さう云う人間を拵えやう、……是は何も行政自らが教育する訳では無いが、一つの行政が無ければ国家的国民的の教育はどうしてやるか、統一するものが無くて行けるか私は断じていけない、……感情から言えば廃すべし道理から言えば廃すべからず、それのみならず国家の現状から今日の世界に対する日本の地位から最も必要である。

この大隈の演説を契機に文部省廃止論は公の論調からは影をひそめた。教育を担当する機関として文部省は認められたのであった。念を押すと大隈は学問の学校制度である「学制」の制定を後押ししたのだった。大隈でさえ学問の支援から二〇年を経て教育の支持に転換したのである。

その後一四〇年近くも文部省は国民を欺いてきたのである。これだけ長期に亘り欺かれると、流石に文部省の看板の偽装を見破るのは「教育」に疑問を持たないと困難であると言えよう。

「学芸省」への改称案と頓挫

話は飛ぶが、第二次世界大戦後には国民が大戦で重大な犠牲を払った責任の一端に文部省による皇国史観の教化があったとして、文部省廃止論や様々な改革論があった。戦後改革の必要性は戦前の「文部省が、国民思想の統制機関たる役割を果したこと」は疑いようがないからであった。教育刷新委員会では「従前の文部省は、教育省たるの感が深く、学芸に関する事務はともすると軽視される形とな」っていたと述べていた。その改革すべき名称としては文化省、文事省、文教省、芸文省、学芸省等が提示されていた。

案として提示された学芸省は「学芸」という用語の応用として理解できる名称である。学問の省として設立された当初の理念にも近く、学芸省が文部省に変わる名称に望ましいとして検討された。設立当初、教部省と対抗した文部省は「学芸」を担当する省としての行政を模索していたが、このことは奇遇ではなかったと言える。

しかし、当時の敗戦後の政治状況の混乱もあり、文部省改革は「根本的改革を要する多くの事項を後日の解決に委ね」られたのである。その後、文部省の改称問題が重要な教育課題にはならず、省名は旧態のまま温存された。そして、今日、まさに文部省は元来の観念である「教育省」の如く〝教育改革〟を進めているのではなかろうか。

ちなみに、戦後の教員養成大学は学芸大学と称していたが、いつの間にか学芸大学は東京に一校残るのみとなり全て教育大学となった。東京学芸大学が残ったのは、当時は東京教育大学（現筑波大学）も設置されていたために改称できなかったにすぎない。教育大学への改称に見るように、「教育」の原点回帰は次第に進んで来たのである。

（参考文献）

＊木村力雄『近代学校体制の成立と終焉の論理』、職業訓練大学校調査研究報告書第30号、昭和四八年。
＊谷川穣『明治前期の教育・教化・仏教』、思文閣出版、二〇〇八年。

第三章
国民の権利にならない「教育を受ける権利」
——戦前の「教育」を信奉した〝民主〟観

「日本国憲法」に規定された「教育を受ける権利」は民主的な定義だとして国民に信じられているが、この観念は日本独自である。「教育を受ける権利」は今でも民主化のため、国民のためには機能していない。日本人が考えたこの規定の制定経過と、その誤解がもたらす問題を本章では明らかにしたい。

「教育を受けると云ふことが権利の内容になるのかと云ふことがちよつと伺ひたいと思ひます」

（佐々木惣一、昭和二一年貴族院特別委員会）

一、「教育を受ける権利」の規定過程

わが国は第二次世界大戦に敗れ、アメリカを中心とする戦勝国連合軍に統治されることになった。ＧＨＱ（連合軍最高総司令部）が「大日本帝国憲法」の改正を迫ったのは当然である。このような状況の下で、政府の検討だけでなく、日本各地の研究者、有志から多くの憲法草案が発表された。その中で、政府の改正案は明治憲法をほとんど改正していないというサボタージュに対して、マッカーサーは草案の起草を配下に命じた。

ＧＨＱが参考にした「教育」忌避の鈴木安蔵「憲法草案要綱」

アメリカは日本の敗戦を予測して、日本の憲法改正を検討していたが、特に最大の問題として天皇の位置付けに苦慮し、日本人の憲法草案を参考することにした。その中で注目されたのが戦前からの憲法研究者であった鈴木安蔵が起草した「憲法草案要綱」であった。「憲法草案要綱」は天皇を〝象徴〟化することを規定しており、ＧＨＱはこの構想に注目したのである。当時の新聞に「憲法草案要綱」の全文が一面に掲載され注目された。

ところで、「憲法草案要綱」では「戦争」の文字が忌避されていた。鈴木は「戦争の文字が記されていなければ戦争を論じることはできない」という考えであった。この「戦争」の文字が忌避されていたことを指して、戦後の進歩的研究者は「憲法草案要綱」は〝平和憲法〟であると主張して、その意義

を唱えていた。勿論、多くの教育研究者もこのことに同意していた。

なお、憲法改定論者の「日本国憲法」は押しつけられたという論は、二〇一六年二月二五日のテレビ朝日「報道ステーション」の「安倍首相〝憲法改正の原点〟」で明白な誤謬であったことが証明された。すなわち、「戦争の放棄」は当時の幣原喜重郎首相が発案し、マッカーサー元帥が賛同したこと、このことは後のマッカーサー元帥本人が「憲法調査会」の高柳会長宛への書面でも認めていたことが明らかにされたのである。鈴木の意図が幣原首相の考えに通じていたのかも知れない。

さらに、鈴木の「憲法草案要綱」は「戦争」の文字だけではなく、「教育」の文字も忌避した憲法草案だった。しかし、このことを取り上げた教育研究者はいない。教育研究者だけではなく、管見の限りでは誰もいない。「憲法草案要綱」は〝平和憲法〟としては支持されたが、〝教育忌避憲法〟としては無視されたのである。

教育ではない人間育成法とは

では、鈴木安蔵の「憲法草案要綱」は「教育」を規定せず、どのようにして人間の育成をするのであろうか。鈴木は明確にこのことを論じていないが、治安維持法違反容疑で逮捕されていた体験から、「教育」が不要であることに確信を持っていたはずである。それは、労働権の重視によって可能と考えたと推測される。「憲法草案要綱」の「国民権利義務」は二三ヶ条あるが、このうち一六条から二〇条までの五ヶ条にわたり労働権が多様に、詳細に規定されている。その一九条に次の条文がある。

健康及労働能力ヲ維持シ産婦ヲ保護シソノ他一定年令以下ノ労働ヲ禁止スルタメ国家ハ適切ナル施策ヲナスヘシ（傍線引用者）

右の「労働能力ヲ維持…スルタメ国家ハ適切ナル施策ヲナスヘシ」とはどのような事か、を考えれば明らかとなる。つまり、国民の権利の前提は生存権であり、生存権を保障するための労働権が次に重要になる。政府の役割は労働権を保障する義務があり、そのためには「労働能力」を国民一人ひとりに保障する義務があることになる。そのための「適切な施策」を国は実施せよ、という意味であり、労働能力を修得するためには当然、基礎的学習を保障することが必要になる。「労働能力」の保障とはeducationの意となり、仕事のための基礎的な学習を保障すべきことが前提となるのである。

この発想は、序論に紹介したＩＬＯ、ユネスコの定義に通じると言える。「憲法草案要綱」にはこのような人権としての自然の考えが構想されていたと言える。

〝マッカーサー草案〟のeducation

アメリカでは地方分権のためeducationは州法に規定され、アメリカ憲法にはeducationは規定されていない。しかし、〝マッカーサー草案〟はeducationが明記された。明治憲法に「教育」は規定されていなかったが、教育の刷新が重要だと考えたからであろう。educationに関しては〝マッカーサー草案〟の第二六条に次のように記されていただけである。

Free, universal and compulsory education shall be established.

右の案の政府の最初の訳は次のとおりであった。

自由、普遍的且強制的ナル教育ヲ設立スヘシ（「自由」は後に「無償」と訂正）

しかし、「強制的教育」は流石におかしいと考えたのであろう、後に「義務教育」と訳すようになった。この経過からも「義務教育」とは国が「設立する」ものであり、国民の義務では無く、国の義務を意味していることは明らかである。

ところで、educationは「能力開発」だと考えると“compulsory education”は「強制的能力開発」となり、問題はなかった。また、福沢の「発育」論も思いつかなかったのであろう。そして独自の政府案が次第に纏められていく。

「教育を受ける権利」の規定経過

政府与党であった自由党が出した当初の憲法草案には「教育」は忌避されていた。しかし、これは鈴木安蔵の考えとは正反対の明治憲法を踏襲した案のためであろう。明治憲法下では「教育」が規定されず勅令で施行されていたからであり、戦後も政府の専決事項として施策しようと考えていたと推測される。

しかし、マッカーサー草案にeducationが規定されるとこれを無視できない。政府が国会に提案したときの「教育」関係条文は次のようになっていた。

第二四条　すべて國民は、法律の定めるところにより、その能力に応じて、ひとしく教育を受ける權利を有する。

すべて國民は、その保護する兒童に初等教育を受けさせる義務を負ふ。初等教育は、これを無償とする

右の案文からも「教育を受ける権利」は完全に日本人の手によって練られたことが分かる。枢密院本会議では、憲法改正は不要と主張した美濃部達吉顧問官が退席したことを除き改正案は他の全員が起立して可決された。そして、憲法改正案は国会に付託された。

このような改正案に対する国民、マスコミの支持が強かったことは論を待たない。毎日新聞（五月二七日）の世論調査によれば八五％の国民が改正案を支持していたのである。

ところで、保守的立場の人からの憲法改正案では教育条項を忌避した例が多く、「教育を受ける権利」を規定した人はどちらかと言うと革新的立場の人から出た改正案に多い。このことは、後に紹介する戦前に幸徳伝次郎や下中弥三郎が「教育を受ける権利」を唱えていたことに倣ったのではないかと推測される。

しかし、時代が違う。臣民に権利などなかった時代に「教育を受ける権利」を主張することと、主

権在民の時代に同じ「教育を受ける権利」を唱えることは全く「権利」の意味が異なると言わざるを得ない。ここには「教育」の本質を追究せず、戦前との継続で唱えられている「教育を受ける権利」があたかも民主的だとする極めて重大な誤解があった。

元来、教育は国民（人民）が国（天皇）の臣民になるために受けさせられていたのであり、木崎村の農民達のように意識的に反発していた人達を除けば、多くの人たちは国（天皇）の臣民となる従属観の下において教育されてきたのである。つまり、「教育を受ける」ことは義務とはなっても決して国民の権利にはなっていないことを確認すべきであった。

つまり、国は、国民が要望する学問・学習をより良くできるように条件を整備することであり、それがマッカーサー草案の"compulsory education shall be established."の意であったはずである。

国会に提案された政府の憲法改正案は、国会の各種の委員会で議論されることになる。しかしながらマスコミの関心は教育にはなかった。憲法改正が問題となった一九四五（昭和二十）年一〇月一三日から「日本国憲法」が公布された翌年の十一月四日までの朝日、毎日、読売、日経、東京の主要五紙とNippon Timesの新聞に掲載されたタイトルで国体＝天皇制を記した記事・社説は七十五編あるが、教育論に関するタイトルは一度もない。憲法改正の主たる関心は天皇制の存続であり、平和国家建設論は議論されるが、教育論はらち外であったことが分かる。

国体護持者が賛成した

そのように関心のない世論を背景に、マスコミの「教育」に関する議論もほとんどない中で、第一回の総選挙に「君民一体の民主主義体制の確立、国体の護持」をモットーに当選していた廿日出彪はただ一人、一九四六（昭和二一）年七月三〇日の衆議院の秘密会で、「是は民主的な一切を盛つてある、是はもう社會主義のどなたでも是で結構だと思ひます」と主張した（傍点引用者）。社会主義者とは、「教育をうけ技能を獲得する機会を保障される」と規定した「人民憲法草案」を一ヶ月前の六月二九日に発表した日本共産党を指していたことは明らかである。

廿日出は自由党に移籍した。当初、自由党の「憲法改正要綱」において「教育」に関しての規定が無かったが、保守的な廿日出の発言はその後の自由党が政府原案を容認する力として働いたであろうことが推測される。

このように、国体護持を唱える保守主義者からも、天皇制に反対していた共産主義者からも変わらずに「教育を受ける権利」について賛同したことが戦後の教育問題の発端だったのである。

佐々木惣一だけが疑問を呈した

しかしながら、一人だけ疑問を呈した貴族院の佐々木惣一議員（無所属倶楽部）がいた。佐々木は京都大学の教授であり、内大臣府御用掛として近衛文麿の助言者でもあった。佐々木は一九四五（昭和二〇）年十一月二四日、前日に起草した「帝国憲法改正ノ必要」で「『信教ノ自由ノ外学問芸術教育ノ自由ヲ保障シ必要ナル制限ハ法律ノ定ムル所ニ依リ其ノ制限ニハ此等ノ諸活動ノ保護奨励ノ為ニスルモノデアルコト』ヲ新ニ定ム」と天皇に奉答していた。「教育授受ノ自由」を明記した案が戦前の天皇関係者からいち早く出されたことが注目される。これは「近衛公の憲法改正草案」として十二月二一日の『毎日新聞』にスクープされる。

政府の憲法改正案は貴族院に回付され審議が始まるが、特別委員会で九月一九日に第三章「国民の権利と義務」の逐条審議が行われた。「教育」に関して最も核心的な質問は次のような佐々木惣一の質問であった。

> 本條の重點は一體どこにあるのでございませうか、總ての國民は教育を受けるの權利を有すると云ふ處に重點があるのですか、「ひとしく教育を受ける」と云ふ處に重點があるのでありますか、それをちよつと御尋ね致します、……此の文句は規定ですから、均しく教育を受けると云ふことが權利の内容になるのか、教育を受けると云ふことが權利の内容になるのかと云ふことがちよつと伺ひたいと思ひます

右のように佐々木の「教育を受けると云ふことが權利の内容になるのか」という極めて重要な論点に対し、政府関係者の答弁はなかった。他の委員からも関連質問はなく、「教育を受ける権利」の議論は深まらないままで終えた。佐々木の質問は「教育」の言葉の定義に踏み込まねばならなかったが、なされなかった。このように、憲法改正時の教育論は基本的に突き詰めた議論が無い。このことが今日の教育をめぐる混乱の源ともいえる。

憲法改正案は貴族院でも承認され、現「日本国憲法」の第二六条は根本的議論をしないまま成立したのである。

「裁判を受ける権利」との差異

なお、「教育を受ける権利」と同じ構文が第三七条に次のように規定されている。

被告人は、公平な裁判所の迅速な公開裁判を受ける権利を有する。（傍点引用者）

この条文では、公開の裁判を受けなければ国民の権利が葬られるとの認識の下に、民主制の保障を明言した規定であり、絶対に国民に必要な規定であることがわかる。

憲法は国民ではなく、為政者を縛る最高法規である。そして、現行憲法は国民主権であることは周知のことである。しかし、教育は為政者が準備し、国民に受けさせていることは明白である。この論理から考えても「教育を受ける権利」が国民の権利にはなっていないことが明らかである。

また、「等しく受ける権利」として日照権がある。これは自然の恵みを誰でもが受けるという権利であり、為政者が実施する教育とは異なるのは明らかであろう。

二、日本独自の「教育を受ける権利」論

さて、「日本国憲法」は戦後日本の民主制を象徴する最高法規であり、そのことを国際的にも公にする必要があった。その政府公式英訳の第二六条は次のようになっている。

Article 26 All people shall have the right to receive an equal education correspondent to their ability, as provided by law.（第二項略）

「教育を受ける権利」の「受ける」が明確に訳されていることがわかる。誰が訳しても構文は大同小異であろう。日本人なら誰でも「教育」は"education"であり、「受ける」を"receive"とするであろう。

堀尾輝久の「教育を受ける権利」論の誤解

「教育を受ける権利」は国民の権利として特に教育学研究者はその理論化に努めてきた。その「教育を受ける権利」論を体系化した第一人者として堀尾輝久を挙げても教育学界に異論はなかろう。堀尾は東大教授を経て幾つかの大学教授を務め、日本教育学会会長をはじめ日本教育法学会会長を務めた研究者である。

　堀尾の著作は膨大であるが、「教育を受ける権利」を体系化して簡明に整理している論文が「義務教育」である（宗像誠也編『教育基本法』新評論、初版：昭和四一年）。ただ堀尾の論は重大な誤解と極めて単純な思い込みにより論理が体系化されている。なお、堀尾のこの論理は学位論文を再編した『現代教育の思想と構造』（岩波書店、一九七一年）でも同じであり、「教育を受ける権利」の「誤解」と「思い込み」はその後も訂正されていない確信なのである。その第一の誤解が次である（傍点引用者）。

「教育を受ける権利」は、まず一九三六年のソヴエト憲法に現れる。そして、第二次大戦後に成立した社会主義諸国ないし人民民主主義諸国の憲法に、その規定が掲げられた。さらに、社会主義国家の出現と民主主義思想の国際的高揚を背景に、世界人権宣言（一九四八年）にもその規定をみるにいたり、そのことによって、「教育を受ける権利」は人類共通の思想的財産となった。わが国憲法の教育条項も、まさにこのような人権思想の歴史的展開と世界的動向のなかで位置づけられて、はじめてその精神を正しくとらえることができるといえよう。

右のように、堀尾は「教育を受ける権利」の規定がソヴエト憲法に明記されたことを強調して、それが民主主義的な規定であることを主張している。戦後はソビエトが民主的国家の代表との認識があったからであろう。さらに、「日本国憲法」に規定された「教育を受ける権利」は「世界人権宣言」にも規定され、国際的な認知を受けたことを主張している。右の堀尾論が「教育を受ける権利」論についての代表的な論といえる。

では堀尾の「教育を受ける権利」論は真に世界に認知されているのであろうか。

なお近年、堀尾への批判が教育界であるようだが、それは堀尾の観念論的研究への批判であり、堀尾の「教育を受ける権利」論を批判したものではなく、教育界内での〝教育論争〟に過ぎない。一般国民にとっては縁遠い論争であり、国際的に通用する論理への修正批判でもない。国民が教育論から離反した遠因は「教育権」の観念論に有ったとも言えよう。

「教育を受ける権利」ではないソビエト憲法

堀尾のいうソヴエト憲法について見てみよう。それは「ソヴエト社会主義共和国同盟憲法」（一九三六年改正）というようだ。〝ソヴエト憲法〟の教育条文について、鈴木安蔵は戦後直後に次のように紹介している（『憲法と民主主義』、昭和二一年）。

第一二一条　ソ連邦市民ハ教育ノ権利ヲ有ス（以下略）

鈴木は「教育を受ける権利」とはしていない。「受ける」と「の」では意味が全く異なる。鈴木は原文を紹介していないので、堀尾の紹介とどちらが正しいのか分からない。

次に、山之内一郎は『人権宣言集』で次のように紹介している（一九八四年）。

第一二一条　ソ同盟の市民は教育をうける権利（право на образование）を有する。

山之内が日本語訳に続いて原文のロシア語を付記していることは「教育をうける権利」という訳に躊躇したからであろう。このような方法は欧米文献の翻訳の場合に良く見られる方法である。そこで、そのロシア語を調べてみよう。YAHOO アメリカで“soviet constitution education”をみると、“CONSTITUTION OF THE USSR”の英訳は

"ARTICLE 121 Citizens of the U.S.S.R. have the right to education.

となっている。Soviet Constitution Adopted on: 7 Oct. 1997でもArticle 45［Education］でも同じ表現となっている。"the right to education"を訳せば、「教育に対する権利」または「教育への権利」となるはずである。ソビエト憲法はどのように意訳しても「教育を受ける権利」とはならない。これが堀尾の誤解とする一つの証拠である。

「教育を受ける権利」ではない「世界人権宣言」

それでは「世界人権宣言」を見てみよう。その当該箇所の英文は次のようになっている。

Article 26 1 Everyone has the right to education.

右の英文は〝ソヴエト憲法〟と同じである。すなわち、「教育を受ける権利」ではない。「教育に対する権利」とするのが正しいだろう。

「受ける」と「対する」は、受動態と能動態の違いである。「世界人権宣言」の「労働の権利」は"the right to work"であり、「日本国憲法」でも同様である。全く同じ英語の構文でeducationを用いれば何故"to"が「受ける」になるのであろうか。文法的には名詞が変わるだけであり全く理解できないといえよう。

「世界人権宣言」の内容をも堀尾は誤解していることが分かる。

端緒は国立国会図書館訳だった

先に最初に紹介したように、鈴木は“to”を「の」としていたが、別な論文ではそのままに「にたいする」と訳していた。ところが、一九五〇年六月に国立国会図書館調査及立法考査局発行の『世界人権宣言』が「教育を受ける権利」と紹介すると、外務省訳もこれを追随している。

国際連合の英語はUnited Nationsであるが、直訳すると（戦勝国の）「連合国」であり、「国際」の意は含まれていない。直訳では国民に理解されないからと言う外務省の〝政治的〟判断だったのであろうが、こちらは戦前の教育を受けた普通の日本人の考えを記したに過ぎないのではなかろうか。以後の全ての官庁発行の資料集も同じくこの訳が使用されている。その他の五〇種以上有る資料集のほとんどが外務省の訳を紹介しているため、“the right to education”を「教育を受ける権利」としている。このような流れの中で、堀尾等も『平和・人権・環境教育国際資料集』を刊行している（青木書店、一九九八年）が、「世界人権宣言」の紹介も例外ではない。

例外は永井憲一監修・国際教育法研究会編『教育条約集』（三省堂、一九八七年）が「教育への権利」としていることである。残念ながら同書は今日では絶版になっている。ただ、その意図を引き継ぐのか『解説教育六法』（三省堂）等の資料集では「教育を受ける権利」の後に〔the right to education〕と注記している。

このように、educationを「教育」と訳すことは、“the right to education”を「教育を受ける権利」へ連なるという根本的な問題が有ることが分かる。educationを「能力開発」と考えればそれは「能力開発への権利」となり、理解できたはずである。

「教育を受ける権利」が意訳されているドイツでの紹介

ドイツのニュルンベルグ市はナチス発祥の地という負の遺産を払拭するために戦後は特に人権に関する意識が高いという。同市にあるドイツ国立博物館には「人権通り」（または「人権の通り」、Straße der Menschenrechte）を造っている。同市のホームページをみると「人権通り」が紹介されている。これは三〇本の石柱が並ぶ作品で、各国の人権に関する宣言が刻まれている。

日本語では「日本国憲法」の「第二十六条　教育を受ける権利」が刻まれている。日本語の上の方に、日本語を翻訳したと思われる刻まれたドイツ語は次である。

ARTIKEL 26：RECHT AUF BILDUNG

ドイツ語の“auf”は英訳すれば“to”に相当する。念のため同市のホームページのこの部分の英語版をみると

“right to education”

となっている。しかしながら、これらの訳は先に紹介した「日本国憲法」の政府公式英訳文とは異なることが明らかである。つまり、「日本国憲法」の“receive”が削除されていることになる。紹介されているドイツ語の意味は「教育への権利」となる。

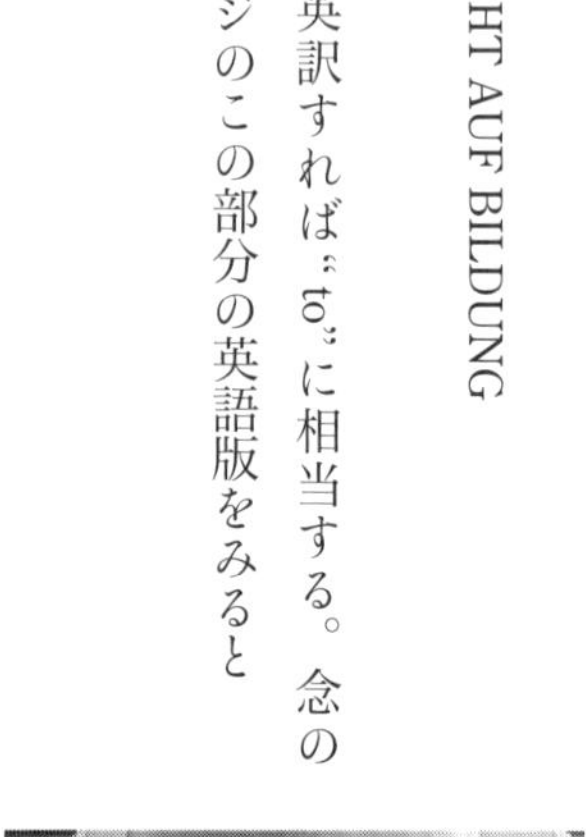

このように、日本の憲法に関わる条文の意味がドイツ語では変更されている。「日本国憲法」の英訳とは異なったドイツ語に誰が、どのような意図で変更したのかが問題となる。

推測すれば、「日本国憲法」の公式英訳ではドイツ人が奇異に思うからではなかろうか。何故ならドイツの「世界人権宣言」の“right to education”に対応するドイツ語訳は“Recht auf Bildung”であるからである。そのため、ドイツ人に分かるように「世界人権宣言」のドイツ語条文を記し、「教育を受ける権利」を意訳したのではないかと推測される。

なお、堀尾は『いま、教育基本法を読む』（岩波書店、二〇〇二年）においてドイツ語訳の“Recht auf Bildung”を“Recht auf Erziehung”としているが、これは誤りであることが分かる。“Erziehung”には「引き出す」の意があるため、「教育」の概念をも同様に考えたいという堀尾の勝手な解釈なのではなかろうか。

フランスでも「教育への権利」である

第四章で詳述するが、文部科学省が「教育基本法」だとしているフランスの“Loi d'orientation sur l' éducation”は「能力開発方針法」と訳すべきだろう。その中の文部省が「教育を受ける権利」としている部分は国連のフランス語「世界人権宣言」と同じ“droit á l' éducation”であり、「教育への権利」なのである。また、堀尾は同上書でフランス語の紹介を“droit á l'enseignement”としているが、これも誤りであることが分かる。

「教育を受ける権利」を「思想的財産」として信奉しているのは堀尾のようである。「日本国憲法」を前提とした堀尾の〝理路整然〟とした「教育を受ける権利」論は、国際的な観点からは非論理なのである。

マララさんは「教育を受ける権利」とは言っていない

ノーベル平和賞を受けたマララさんは演説で「教育を受ける権利」を主張した、と報道されているが、原文は次である。

We all want to make sure that every child gets quality education.… I was also one of those girls who could not get education. I wanted to learn.

マララさんは「受ける」のような受け身ではなく、「手に入れる」のように主体的な動詞を使っているのである。

なお、高等学校の英語教科書の一つである開隆堂の“Sunshine 3”ではマララさんの活動を“She spoke for the right of education for every child.”と紹介しているが、「教育を受ける権利」との関係をどのように解説するのかが問題になる。

ところで、「中華人民共和国憲法」では、「教育を受ける権利と義務」になっているが、社会主義国であり、日本の国民主権と同一には論じられないことは言うまでもない。

「子どもの権利条約」も「教育を受ける権利」ではない

先に紹介した堀尾の文に続き、堀尾は子どもの教育に関し次のように述べている。

「教育を受ける権利」は、近代における「子どもの人権」の思想につながり、子どもの人権の中核をなす学習権の実定法的規定であり、子どもの学習権が、仮空の抽象的権利としてではなく、現実的かつ有効な権利として認められたことを意味する。

右の解説は理解困難な文脈であり、「教育を受ける権利」と「子どもの学習権」の関連についての論理を読み取れない。しかし、原理は単純なのである。「子どもの権利条約」をみてみよう。

国連は一九八九年一一月二〇日に「子どもの権利に関する条約」を採択し、わが国も一九九四（平成六）年に批准した。国際教育法研究会による同条約の訳によれば「教育」については次のように紹介されている。マララさんが主張する論旨は「子どもの権利条約」に規定されている。

第二八条「教育への権利」１締約国は、子どもの教育への権利を認め、かつ、漸進的におよび平等な機会に基づいてこの権利を達成するために、とくに次のことをする。

(a) 初等教育を義務的なものとし、かつすべての者に対して無償とすること。

(b) 一般教育および職業教育を含む種々の形態の中等教育の発展を奨励し、すべての子どもが利用可能でありかつアクセスできるようにし、ならびに、無償教育の導入および必要な場合には財政的援助の提供などの適当な措置をとること。

(c) 高等教育を、すべての適当な方法により、能力に基づいてすべての者がアクセスできるものとすること。

（d）教育上および職業上の情報ならびに指導を、すべての子どもが利用可能でありかつアクセスできるものとすること。
（e）学校への定期的な出席および中途退学率の減少を奨励するための措置をとること。

第1項の「子どもの教育への権利」の英語原文は“the right of the child to education”であり、「世界人権宣言」と同様であることが分かる。この「子どもの権利条約」のように、大人だけでなく、子どもの立場で考えてもeducationを「受ける」ではなく、education「への」権利なのである。このことは“the right to education”の意味が重要であることが分かる。

このような子どもの立場の論理に誤解があるため、「子どもは教育」を受ければ良い、とする安易な論理に埋没するのである。これでは国際的な子どもの教育についての議論がわが国の教育論では不可能であることがわかる。国民の権利で言えば、わが国ではとりあえず「学習する権利」で良かろう。

人権が守られていない不登校児童

子どもの権利が無視されているのはマララさんのパキスタンだけではなく、わが国にもある。

わが国では少子化により高校進学者は一時よりもはるかに少なくなっているにもかかわらず、かつて主張された高校全入の運動も忘れられたように高校は未だ義務制にはならず、以前と同様の進学率が〝守られ〟ている。

さらに、児童は減少しているにもかかわらず、不登校児は今でも一三万人を超えており、それは図のように学年進行と伴に増大している。その比率は全児童生徒数の一％を超えていることになる。特に、中学校三年生では三％になる。様々な要因はあろうが、小学校一年生の千人くらいには何らかの本人または家庭的問題等があるかも知れないが、その後の増大傾向は何らかの学校教育に基づくものであろう。この現象は、「児童生徒の問題行動」なのではなく、学校教育に問題があるという見方が正しい。

学年別不登校児童生徒数

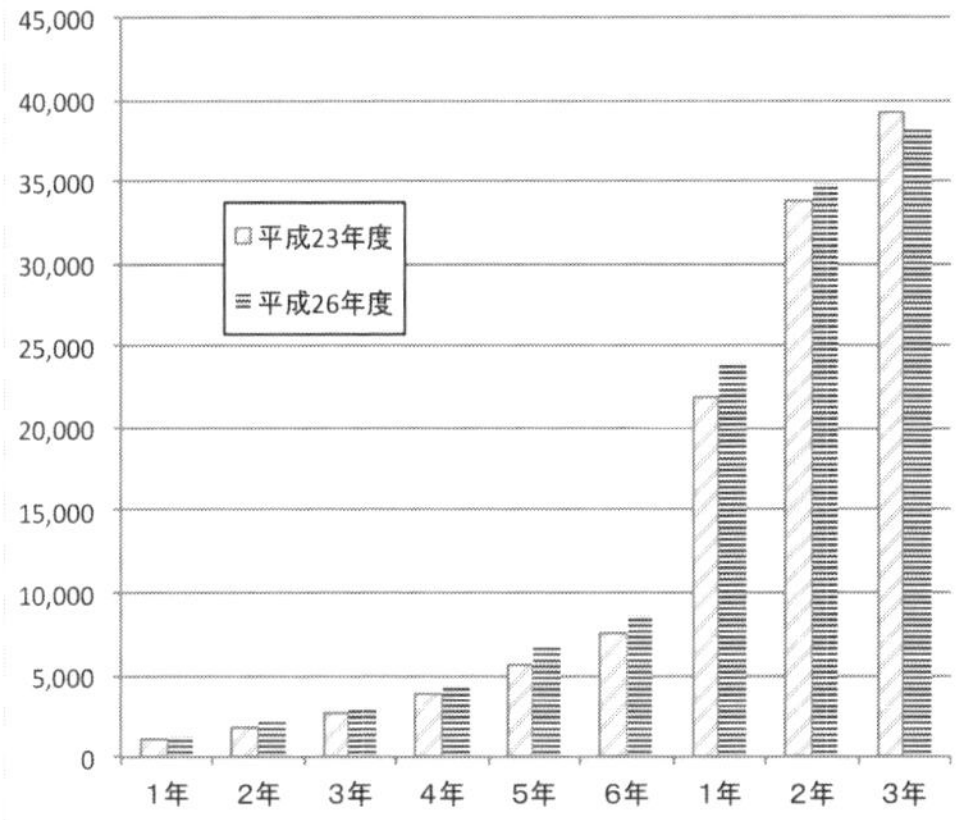

文部科学省『児童生徒の問題行動等生徒指導上の諸問題に関する調査』より作成

例えば、調査法に疑問があるが「児童生徒の問題行動等生徒指導上の諸問題に関する調査」では、不登校の理由として、学校調査では教師が原因であるとの回答は一・六％にすぎないが、本人調査では二六・二％にもなっているのである。

この問題の根源には不登校の本人、保護者が問題の改革を主張しづらい背景がある。つまり、不登校児は「教育を受ける権利」を放棄しているのであり、それは自己責任だ、という論理に立てば、他人は傍観できる。しかし、学習する権利が保障されていない、と考えれば全く異なってくる。「教育を受ける権利」の問題はここにもあるのである。

三、労働権無視の「教育を受ける権利」論

人生は学校だけで終わるわけではない。社会では労働に就くことが多くの人の進路である。学校における教育と学校後の労働問題の関係は避けられないものである。

堀尾輝久の「教育を受ける権利」の思い込み

堀尾の論理の第二の問題である法学出身者らしい思い込みによる解説が次である。

> 憲法第二六条第一項は国民の「教育を受ける権利」を規定し、第二項で、国民がその保護する子女に「普通教育」を受けさせる「義務」および「義務教育の無償」を規定している。
> この教育条項は、第二五条の生存権の規定につづいており、「教育を受ける権利」は、生存権的・社会権的基本権の文化的側面にかかわる基本的人権の一つに位置づけられる。……

右のように、堀尾は「日本国憲法」において「教育を受ける権利」が生存権に続いて規定されていることを指摘して、教育が生存権的・社会権的な人権であることを主張している。これは「日本国憲法」の構成の解説としては正しいと言える。

ただ、この主張は、法理論として条文の順序に意味があり、先に規定された条文が重要であり優位

であること、後の条文は先の条文を補足するための条文とする論である。つまり、教育権についてはその前の生存権の条項のために欠かせないことを指摘しているだけであり、「日本国憲法」の構造を説明しているに過ぎない。この理解により、教育権の条文の後に規定されている第二七条の勤労権については教育権の視座からは無視されることになるのである。

堀尾は勤労権を無視する論を教育学として確立したのである。堀尾はわが国教育学の〝大御所〟として君臨し、わが国の教育権論が机上の論となり、社会との関係が希薄になる理由を確立した。そして、堀尾のこの誤解を正した研究論文はない。つまり、「教育を受ける権利」論は堀尾の論理を前提として今日まで教育界では是認されている、ということになる。

このような「教育を受ける権利」論では国民が人間らしく働くための論理になるはずがない。このことがわが国の教育論で労働問題、職業問題がきわめて希薄な理由なのである。

「世界人権宣言」における労働権との関係

「世界人権宣言」では巻末資料のように、第二三条［労働の権利］に続いて第二六条［教育への権利］の構造になっている。実は、第二四条も労働権に関する内容である（第二五条は「生活の保障」）。「世界人権宣言」では労働権がeducation権よりも重視されていることがわかる。

右のように、「世界人権宣言」では教育権条項の前に労働権条項がある。堀尾の論理を用いれば、「教育権は労働権に続いており、教育権は労働権のための社会権である」となる。「世界人権宣言」を重視する堀尾は、先の解説の後に、ただし「世界人権宣言では異なる」、ということを補足しなければ研究者とは言えない。その結果、堀尾の思い込みによる教育権論は、労働問題を看過してきたという重大な過誤を日本の社会、特に教育界に定着させたのである。

なお「世界人権宣言」第二三条後半の「失業に対する保護を受ける権利」は特に注目すべきである。この権利は再就職の保障にあるが、そのためには職業訓練を受けなければならないことを意味する。つまり、労働権に職業訓練の権利が明確に含まれていることになるのである。そして、そのための「技術教育および職業教育は、一般に利用できるものでなければならない」としているのである。このことは、「世界人権規約A規約」を見ればより明確に規定されている。

四、〝日本的雇用慣行〟と一体の「教育を受ける権利」

堀尾の思い込みは、学校教育における教育目的をも誤らせることになる。それは、学校外の労働社会の捉え方に生じる。

濱口桂一郎の「メンバーシップ制」論

近年の労働環境は悪化するばかりで、非正規労働者の増加、ブラック企業の簇生、女性の差別等々挙げたら切りがない。このような問題の形成は、小泉内閣による労働法制のいわゆる「規制緩和」から始まった。わが国の労働問題の核心を明解に整理してくれたのが濱口桂一郎の『新しい労働社会』（岩波新書、二〇〇九年）である。つまり、これまでのわが国の〝雇用慣行〟である終身雇用、年功序列賃金、企業別組合は、「メンバーシップ制」という言葉で説明すると理解しやすくなることを解説してくれた。メンバーとなること、メンバーの集団に入らねば認められないことが労働問題を決定づけていると言えるのである。

メンバーシップの中では個人の自立意識は敬遠される。個性を主張すれば仲間はずれにされ、いじめを受ける。メンバーシップの中で協調して働くことが求められるのである。このような労働環境に入る前段の予備軍は、当然ながら学校卒業者である。

濱口は記していないが、「メンバーシップ制」の意識を日本人が形成しているのは労働界の前に位置付く日本の学校制度である。換言すれば個性を圧殺する集団意識の教育が学校で行われているからである。従って、日本の教育を受けた学校卒業生が労働界のメンバーシップ制に適合するのは必然である。日本的雇用慣行の悪弊を除去するためにも、そのヒトの個性を伸ばすことよりも平均化した人間を作り出す呪縛された「教育」観の払拭こそが先ずは重要であると言えよう。

“Work”は「勤労」ではない

ところで、「働くこと」は「勤労」と言われる。「日本国憲法」第二七条の「勤労の権利と義務」の規定があるからである。「日本国憲法」では「労働」ではなく「勤労」なのである。この明治以降の「勤労」は江戸時代の「勤労」と異なることについては第六章で詳述するが、「日本国憲法」審議の議論で後に片山内閣で文部大臣になる森戸辰男は「此の際労働と云ふ言葉に直した方が時勢に合う」と要求したが、回答は政府側からなく、今日の条文のように規定されたのである。

そのためか、労働と勤労がわが国では同じ意義として取り扱われているが、しかしながら、英語との関係で見れば両者の関連は単純ではない。つまり、日本人の編集による和英辞典では「勤労」を“work”とするものが多いが、日本人の編集による英和辞典でも“work”を「勤労」とするのはほとんどない。つまり、日本人であっても“work”は「勤労」ではないのである。

国際的には「勤労」の訳を、“EUdict. の（Kanji）–（English）”では“diligent service”と紹介されている。この訳は言い得て妙である。つまり、「勤労」は自立のための労働では無く、他者へのサービスであることを示している。森戸の疑念は国際的に知られているのだ。

従って、〝サービス残業〟は「日本国憲法」の「勤労」の概念が内包する形態だと言える。労働を個人の権利として再確認する必要があると言えよう。なぜなら、森戸が主張したように、「勤労」は「労働」とは異なるからである。

教育と勤労の密接な関係

国際的に無いに等しい「教育を受ける権利」が何故わが国で規定されたのか、またソ連と中国、北朝鮮等の社会主義国家を除いて「労働の義務」がないにもかかわらず、何故わが国で「勤労の義務」が規定されたのか、という疑問は明確にされて来なかった。この二つの規定は極めて特殊日本的であるということが理解できる。そして納税の義務とあわせ、これらが「国民の三大義務」だとされ、誰も疑わない国民の義務となっているのはなぜなのか。

「勤労」が奉仕であれば誰に「奉仕」するのか、勤労を尊ぶことは民主的精神とどのように係わるの

教育と勤労・労働との関係の経過

勤労動員	⇄	「教育勅語」
＝		＝
勤労奉仕	⇄	教育を受ける義務
⇓		⇓
勤労の義務	⇄	教育を受ける権利
⇕		⇕
the right to Work	⇄	the right to Education

⇄：親和的　＝：同等　⇒：移行　⇔：対立的

か、が問題になる。このことに関して濱口は「教育と労働の密接な無関係」と日本の教育を揶揄している（「教育と労働の密接な無関係の行方」、『労基旬報』、二〇一〇年六月。傍点引用者）。この言葉はわが国の教育問題の核心を突いている。

ただ、濱口が「教育と労働との密接な無関係」と言う時の「教育」はeducationではなく日本的な「教育」である。また、「労働」は「勤労」ではなく“work”を意味しているはずである。もちろん、濱口はこのような抽象論ではなく、現実の問題を揶揄しているのだが、現象だけの分析では改革の対策が立たず、その思想的背景の解明も重要だといえる。

しかし、「労働」を「勤労」と読みかえれば「教育と勤労の密接な関係」となり、真に正しい整理だと言える。その関連を整理したのが上の図である。「教育」と「勤労」の両者には密接な関係があるのである。

このような考えが戦前の観念だった「勤労奉仕」と「教育勅語」による「教育を受ける義務」から移行して何の疑問もなく戦後の「日本国憲法」に「教育を受ける権利」が規定されたと考えることができる。そして、「教育基本法」に規定された「勤労の尊重」の規定の精神がそこにあったのである。

文部省による「勤労」の使用

例えば、「勤労体験学習」が一九七七（昭和五二）年に「学習指導要領」に規定された。「学習」としていたが、学校は教育をするところであり「勤労教育」と同じである。この観念は「勤労奉仕」に発展する思想だと言える。そして、時々話題になる「ボランティアの単位化」はこの精神の延長である。これらは「教育と勤労の密接な関係」を象徴している。

つまり、「日本国憲法」下でも明治政府の官制による「教育」と「勤労」が密接に関係づけられたのである。「教育を受ける権利」は自立を促さない観念であり、集団における自律を暗黙に要望している。「勤労」の概念は「奉仕」を強調しなくても本質は「勤労奉仕」の概念が内包されており、「教育」もまた同じように「受ける」を強調しなくても国民は「教育を受ける」ことを意味すると理解できるからである。

明治以降の官製の「勤労」であったことは国から教育を受けて、勤労して国へ奉仕するという論理になる。このように、勤労と教育は極めて親和的である。だから、戦前は「勤労即教育」との言葉まで創られたのである。

今日のような勤労観から残業時間一〇〇時間／月という諸外国では考えられない長時間労働、過労死という現実の労働環境を改革するためにも、国民のための労働観に転換しなければ改善は望めない。そのためにはわが国の「教育」観の払拭と同時に進められねばならないと言える。

五、護憲と「教育を受ける権利」

教育の国家性

「教育を受ける権利」が決して国民の権利ではないことは、小渕恵三首相の諮問機関が二〇〇〇（平成一二）年に出した「二一世紀日本の構想」が明確に述べている。そのことは、同構想の「国家にとっての教育とは一つの統治行為だということである。国民を統合し、その利害を調停し、社会の安寧を維持する義務ある国家は、まさにそのことのゆえに国民に対して一定限度の共通の知識、あるいは認識能力を持つことを要求する権利をもつ」という文言に明確である。

「教育を受ける権利」を「国民の権利」条項となりうるのかを再検討することは今日の憲法論議が高まる中で極めて重要である。なぜなら、自由民主党の憲法改正案は政府機能を強化し、国民の権利を軽視していると言われるが、「教育を受ける権利」の変更はないからである。為政者にとっては「教育を受ける権利」は有効だという証左である。為政者は自分達の政策に国民を感化させる道具に教育を利用しようとするからである。このことをあたかも国民のために施策するように喧伝したのが、二〇一二（平成二四）年末の総選挙で安倍総裁が「日本を、取り戻す」とともに叫んだ「教育を、取り戻す」との標語であろう。

しかし、教育は為政者の施策であり、「教育を取り戻す」ということは戦後の政権を形作ってきた政党の主張としては変である。「取り戻す」で思い起こすのは、アムネスティ・インターナショナル日本支部が「世界人権宣言」の“Everyone has the right to education.”を「日本の文部省は…市民の手に教育を返還しなければならない」とした訳がある。つまり、市民が政府から教育を取り戻す、という意味であった。

近年、「道徳」の授業をも他の教科と同様に指導することが進められているが、これは憲法で保護された内心の自由や精神性まで教育するというまさに教化または洗脳と言えよう。洗脳とは洗脳されていることが分からないように教育されることであり、時間を掛けて徐々に行われるものである。「教育」を温存していると、どこまでも「教育」の名目で国民の人権が侵害されることになる好例である。

ちなみに、細野豪志民進党代表代行の「現実的な憲法改正案を提示する」も「教育を受ける権利」を否定していない（『中央公論』二〇一七年五月号）。

護憲と国民の権利

以上のように「教育を受ける権利」は問題であるが、何故「教育を受ける権利」は批判されないのであろうか。その第一は、「教育を受ける権利」が「日本国憲法」に規定されているために、それは憲法批判となり、このことを躊躇するためだろう。「日本国憲法」は世界に比類なき平和的な憲法として制定された。そして、憲法を守ることが新日本を守ることだった。一方、憲法を批判する立場の標的は第九条にあった。憲法を守る立場は、九条を守ることが護憲になるという考えであった。国民は「日本国憲法」に賛成したため「日本国憲法」の規定に反対しづらい意識が生じているかも知れない。

そして、多くの研究者は大学や研究機関に勤めているため護憲的立場が求められる。つまり、「日本国憲法」第九九条に「天皇又は摂政及び国務大臣、国会議員、裁判官その他の公務員は、この憲法を尊重し擁護する義務を負ふ」とあり、その規定の詳細が「国家公務員法」、「地方公務員法」そして「教育公務員特例法」に「服務」として規定されている。つまり、「日本国憲法」の批判はこの規定に触れる恐れがあるとの危惧があるのかも知れない。とは言え、この規定を最も遵守していないのは、最近の動きを見れば誰の目にも明らかなように、政権についている為政者ではなかろうか。

研究者は国民の誤解を解く役割があるはずである。「学問の自由」、「表現の自由」の条項は「教育を受ける権利」より上位の第二一条と第二三条にある。堀尾の論理からしても「教育を受ける権利」よりも強調すべきであろう。

戦後七〇年、「憲法擁護」のスローガンは近年は「九条を守る」に変わったように思える。このことは、九条の他の「国民の権利と義務」を改正すること、「教育を受ける権利」の改定を容認することに繋がり、国民の議論が今まで以上に重要になっている。

六、「教育を受ける権利」と「学習する権利」

大田堯の「学習する権利」論

『大田堯・寺脇研が戦後教育を語り合う』（学事出版、二〇一五年）で、大田は「憲法第二六条の『教育を受ける権利』は、正しくは『学習する権利』ですから、改訂したほうがよいとも考えていました」と過去形で述べているが、大田の考えは堀尾等の後輩研究者にどのように伝わっているのであろうか。大田のこの論は詳細に研究されるべきであった。

確かに少なくない教育書に「学習権」の言葉を用いた解説がなされている。しかし、それらは全て「教育を受ける権利」を否定しない論理で構築されており、教育権と学習権の関係が明確ではない。堀尾も「学習権」を使っているが支離滅裂である（「迷走する『教育を受ける権利』論」、『現代の理論』デジタル版第二号、二〇一四年八月二八日up）。

「教育を受ける権利」を国民の権利とするのは誤解である、ということを大田は主張しているはずである。しかし、「教育を受ける権利」と「学習する権利」は抽象的に考えるとその差異が分かりづらい。以下ではこの課題を考えてみよう。

教育と学習との関係

今日では「教育」が国民に浸透しているので、教育と学習との関係をあまり深く考えない。確かに教育と学習は同時に成立する。

しかし、教育は学習が伴わなければ無意味な行為となって終わる。学習者の意志がなく、教育の場にいるだけでは「馬の耳に念仏」になるからである。そこで、教育者はテストにより評価し、成績が悪いと「落第」になると脅し、習得を促すことになる。「教育する」という動詞は他動詞であることの問題を示している。

一方、学習は教育が行われていなくても成り立つ。学習は学習者の興味と関心で進められる。「学習する」の動詞は自動詞であることの優位性を示している。「好きこそものの上手なれ」である。もし、ある個人がある学習につまずいた時、それを支援する者がいたら、独学で進めるよりも助かるのは明らかである。

教育と給食の関係

ここで、「教育を受ける」の意味の問題をアナロジーとして給食の問題と並べて考えてみよう。つまり、「教育を受ける」は「給食を食べる」と全く同じ論理であるからである。与える者と受ける者の関係を示したのが次の図である。

主権が君主にある場合は上下の関係となり、それは権利－義務の関係となる。教育内容は為政者によって決められたものであり、臣民はその教育内容を受けることを拒否することはできない。「教育を受ける義務」の関係となる。

同様に、給食は全員に同じ食事が同量与えられる。そのため、教師は「残さずに全て食べなさい」と強制し、問題が生じることもある。しかし、食糧事情の貧しい時にはこの構造であっても国民・子弟は助かる。戦後の困窮時、筆者も支給された脱脂粉乳・肝油ドロップで栄養失調にならずにすんだ。

「教育」（給食）の関係図

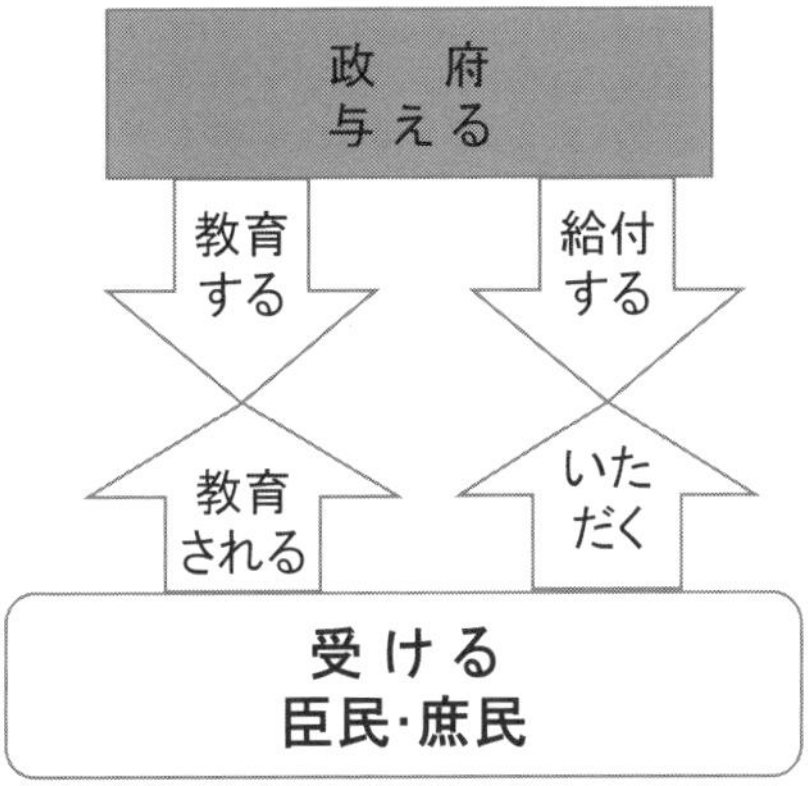

なお、「教育を受ける義務」の制度の場合も、給食を政府が給付し、それを〝いただく〟ことと同じである。確かに、国民が貧しい時には無料であれば知識を得る機会として助かる。ただし、与える者は権力がある政府であり、受ける臣民が義務の場合、その教育内容が政府の国民統制の意図をもって準備されるのは明らかである。

もっとも、知識が統制をはねのける力を付ける可能性があるのも事実であるが、受ける教育によって教化・洗脳されることが先にあるのも事実である。

問題は、「教育を受ける」ことが前提であれば、上の図のような構造に変化は無く、そのことを権利と言えども義務の時と同じ状態が生じることを意味している。「権利」をつけても、「教育を受ける」場合は主権在民の意味ではなく、その関係は図の関係となることが分かる。つまり、「教育を受ける」とする時の教育の実施者・権限者は政府である。「教育を受ける権利」は〝与えられたことを鵜呑みすることが権利〟となるが、その内実は「教育を受ける義務」と同じであろう。すると、義務を権利として「教育を受ける権利」とすれば民主的になったとするのは「権利」の言葉に呪縛されていた誤解であることが分かる。自由民主党の憲法改正案が「教育を受ける権利」をそのまま継承していることはこのような理由があるのである。

つまり、「教育を受ける」という思想に問題があることが分かる。さらに言えば、「教育する」は他動詞であるため、教育は授ける者と受ける者がおり、国民は受ける者の立場である。「教育」であれば「国民は…教育を受ける」ことになるのは当然である。

幸徳伝次郎と下中弥三郎の「教育を受ける権利」論

しかし、教育が国民の義務の時代でも権利は主張できる。例えば、幸徳伝次郎や下中弥三郎による「教育を受ける権利」の叫びがあった。

幸徳（一八七一〔明治四〕年～一九一一〔明治四四〕年）は後に秋水と名乗り、ジャーナリスト、思想家として社会主義運動を繰り広げた。幸徳は、「貴賤貧富共に教育を受くるといふことにしたい。…吾々は亦社会の一人として一人前の教育を受くるの権利がある」と主張した（「貧民教育と小学教師の待遇と」、

『日本之小学教師』、明治三七年三月)。

下中(一八七八〔明治一一〕年~一九六一〔昭和三六〕年)は陶工から刻苦勉励して平凡社を設立し、教員組合を組織し、労働運動や平和運動を起こすが、庶民の学習の必要性を一貫して主張していた。下中は「教育を受くることは、社会成員の義務ではなくて権利である。国家は、均等に、国民教育を施設する義務がある」と主張した(「学習権の主張」、『教育再造』、啓明会、大正九年)。

しかし、このような主張が戦前の時代に認められることはなかった。

下中が「教育を受ける権利」を主張した論文のタイトルは「学習権の主張」であったが、「教育」と「学習権」の意味の掘り下げが足りなかった。「教育を受ける権利」は天皇の慈悲による「仁恵」ではないとする論理を明確化すべきであった。このことがなされなかったため、農民が騒憂を起こして要求した学習権の要求は「教育を受ける権利」と異質であるということに気づかない錯綜が生じ、戦後にも継続したと言える。

明治政府は「学制」の学問から「教育」に転換して国家の施策を強化したが、その逆の論理が国民のための施策になると考えれば分かりやすい。

学習と求食の関係

ところで、「権利」とは「権力と利益」であり、「物事を自由に行ったり、他人に対して当然主張し要求することのできる資格」である。そして「自己のために一定の利益を主張したり、これを受けたりすることのできる法律上の力」である(『日本国語大辞典』)。その権利は国民にあることが主権在民の意

「学習」（求食）の関係図

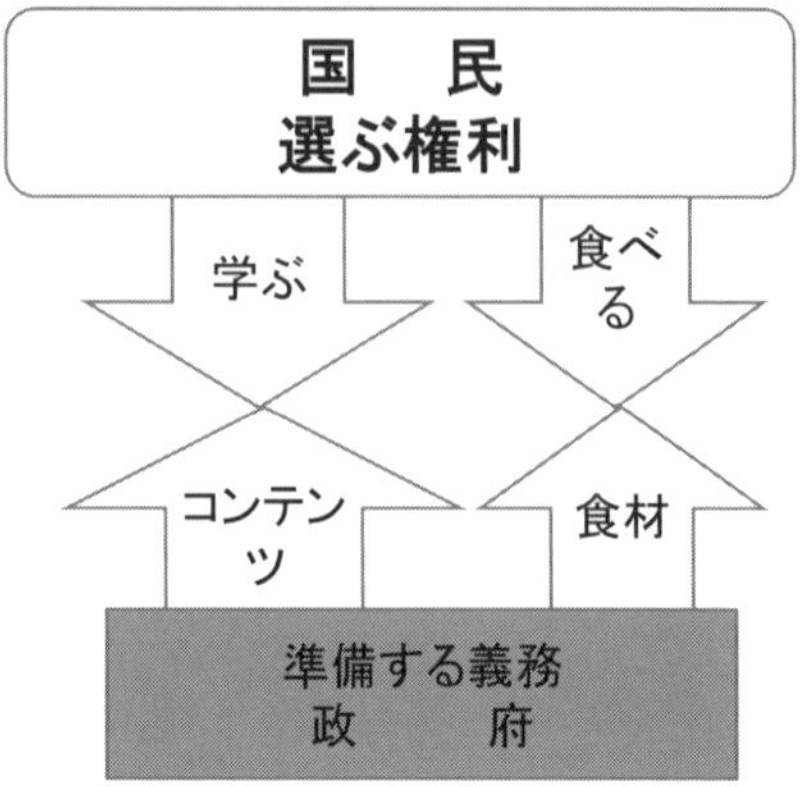

味である。

「権利」とは〝何を〟選ぶかが重要であるが、政府が定めた教育の場合は「自己のために要望した」ものではないことは明らかである。政府は国民が選挙で選んでいるとしても一斉に行われる教育は一人一人の国民の要望ではない。前提のない、要求していないことを「受ける」ことは権利ではない。給食でも同じである。

今日は主権在民の時代である。国民が主人公の意であり、権利構造は明治時代とは逆の筈である。このことを上の図で見ると明確である。

食事も食べることを権利として認めたのであれば、食べたいものを選んで食べることである。それは「求食」となる。同じく、自らのための国民の権利としては、「学習する権利」であろう。

政府はメニュー（コンテンツ）を準備する義務がある、とするのが国民主権の論理であることが分かる。マッカーサー草案が“shall be established”と記していたことは政府の義務を表しているはずである。

ユネスコの「学習権宣言」

一九八五年にユネスコが出した「学習権宣言」は、次のように定義している（傍点引用者注）。

学習権とは、／読み、書く権利であり、／質問し、分析する権利であり、／想像し、創造する権利であり、／自分自身の世界を読みとり、歴史をつづる権利であり、／教育の手だて（resources）を得る権利であり、／個人および集団の力量を発達させる権利である。

これは“right to education”よりも分かり易い宣言である。右の訳の「教育」はeducationであり、マラさんの演説と同じ論理である。やはりeducationを「教育」と訳した場合は全体が意味不明となり、educationの概念であった「能力開発」とすればより分かり易くなる。

政府は国民（生徒）一人ひとりが望むコンテンツ（教材）・カリキュラムを準備し、学習を支援すべき義務があることがわかる。

右の「学習権宣言」の定義に似たわが国の教育策として「ゆとり教育」があった。しかし、その理念が十分に解明され定着しないまま、最近はその欠点のみを強調し、意味を看過して元の木阿弥となっている。確かに、「ゆとり教育」の論理を理論的にも実践的にも明確にできなかった嫌いがあった。「ゆとり」と「教育」は元から矛盾する論理であることが認識されていなかったのではないだろうか。

個性尊重とカフェテリアでの昼食

「学力世界一」と騒がれたフィンランドは、日本人が思うような詰め込み教育ではない。二〇一二年にヘルシンキからバスで二時間近くのところにあるポルナイネン（Pornainen）の基礎学校を訪問・

ポルナイネン基礎学校の食堂。入り口は手前、食卓は右側にある

見学したが、子ども達は皆手を振って歓迎してくれ、教室での授業はどの教室でも和やかで、寺子屋の絵を思い出すような光景であった。

電気、木工、機械の実習場を見学した時、同行していた学生の一人が、思わず「日本の工業高校よりも整っていますね」とつぶやいたのが印象的であった。このつぶやきは、わが国のマスコミがフィンランドを「学力」だけをとり上げて紹介するのとは異なり、学校につぎ込むフィンランド政府の熱意を紹介する一言である。

田舎の小さな学校であるが、そこでも写真のようにきれいなカフェテリア方式の食堂が整備されていた。子ども達は食べられるだけの食材を自分のトレイに取っている。このことは、自分で選択するという意識と責任を育成する上でも重要な経験と言える。

つまり、日本よりもGNPが小さいヨーロッパ諸国での昼食は食堂でカフェテリア方式で準備され、子供たちは自分で取り食事をする。そのような食事方法が自立を促していることは明白である。ヨーロッパ諸国は個性尊重としても知られているが、個性尊重と自立の支援は表裏の関係であり、このような食事方法を採用していることが理解できる。

なお、近年わが国では「食育」の言葉が創られ、食べ物に関する指導が行われているが、「教育」の世界であるから必要なのであり、education であれば「食育」も含んでいるので不要であろう。例えば、『ランダムハウス辞典』は education の意味の四番目に"to develop or train (the ear, taste, etc.) : to educate one's palate to appreciate fine food."としているのである。つまり、おいしい食べ物を味わうことを訓練したり開発することも education なのである。

「区別しなければ差別になる個性尊重」と「区別すれば差別になる平等」

学ぶ者の「学習する権利」を可能な限り保障することとは、「個性尊重」と表裏の関係にある。「個性尊重」とは、「みんな違ってみんないい」と詩った金子みすずの詩のように、一人ひとりの差異を尊重することである。

人は誰もが興味・関心が異なるものである。その個人の興味・関心を追究することは楽しみであり、従って他の者よりも上手くなる。〝好きこそものの上手なれ〟である。それは誇りになり、得意になれる。人は得意なことを褒められると嬉しい。その特長を褒められて才能はますます伸びる。このことは、学習の場合も望ましいはずである。

右のような効果は「区別しなければ差別になる『個性尊重』」と整理しても良いであろう。つまり、全員を一律に同じ言動で統制して一人ひとりの個性を圧殺すれば差別になり、一人ひとりを区別してその個性を尊重することだからである。

ところが、「等しく教育を受ける権利」を前提にすれば、「区別すれば差別になる」のである。「教育を受ける権利」の下では個別の個性尊重は「ひいき」とされ、極めて望ましくないことになる。

なお、「教育基本法」前文には「個性の尊厳を重んじ…教育を推進する」という文言が新・旧法ともにあるが、教育の立場では「個性の尊厳」は困難であり、右のようなプロセスはなりたたないことが分かる。教育では個性を殺したメンバーシップ体制の意識を形成するからである。そのため、個性が際立つ者を差別し、いじめに連なる。また、第二条（教育の目標）の二で「個人の価値を尊重して、その能力を伸ばし、創造性を培い、自主及び自律の精神を養う…」（傍点引用者）と規定し、「個性尊重」が〝祝詞〟に終わるように、「自立」ではなく「自律」を目標にしていることが分かる。

わが国では例えば、義務教育段階からの制服の着用に始まり、教師の指示に従わない生徒に内申書の評価を〝おどし〟として用いたり、個性が強い子を協調性に欠けるとして罰する教師もいるようだ。そのため〝いじめ〟は陰湿になり、表面化したときは子どもが自殺する等の重大な事件になるのである。ところが、こうしたいじめ事件を教師も学校も認めたがらない。また、再発防止のために調査した報告書を公表したがらない。なぜか。

「教育」という見えない権力に呪縛された学校という閉鎖的異空間の中で、「教育を受ける権利」に内在する根本的問題の解決は、「教育」を「学習の支援」に改定する方向で憲法改正の論点として徹底的に議論することが必要であることを意味している。

第四章
「教育勅語」と共存した「教育基本法」
――educationの観念を無視した文部省

戦前、日本人を天皇の赤子として教育する金科玉条であった「教育勅語」と、戦後の民主的教育の憲法だと言われた「教育基本法」は一年以上も共存していた。この奇妙な共存はどのような背景で起きていたのか、その裏にはどのような問題があったのかを本章では明らかにしたい。

「教育基本法」は「あまりに抽象的であり、かつまた、条文によっては、はなはだあいまいで、解釈上いく多の疑問が生ずる点が多すぎる」、「教育基本法の改正をはかるという態度が必要」（鈴木安蔵、一九四七年）

一、戦前教育の〝刷新〟と「教育」概念

戦前の「教育勅語」を基調とした軍国主義的教育からの転換を目指して「日本国憲法」第二六条に「すべて国民は、法律の定めるところにより、その能力に応じて、ひとしく教育を受ける権利を有する」が規定された。

しかし、憲法において詳細な施策を規定できないのは明らかであり、一九四六（昭和二一）年六月二七日に田中耕太郎文相は国会で森戸辰男の質問に答えて「教育根本法」制定の構想として、「教育ノ重要性ニ鑑ミマシテ、少クトモ学校教育ノ根本ダケデモ議会ノ協賛ヲ経ルノガ民主的態度ト考ヘマシテ、目下其ノ立案ヲ準備ニ着手して居ル…」と答弁していた。

一九四七（昭和二二）年に制定された「教育基本法」は、教育の分野の憲法だとして広い立場から極めて民主的だとしてこれをいかに守るかという論陣が張られていた。他方、「教育基本法」は「不磨の大典として物神化することではない」、とか「絶対視・神聖不可侵視とは無縁なものだ」とされて批判の対象であった。このように賛否が渦巻いた「教育基本法」は二〇〇六（平成一八）年に革新団体の反対の下で〝改正〟されたが、何が問題であり、その問題はどのように〝改正〟されたのだろうか。

教育刷新委員会の設置

戦前の国家主義的だった教育の改革のために米国対日教育使節団（第一次）が一九四六（昭和二一）年

初頭に来日し、使節団の調査に協力する日本側教育家委員会が組織された。使節団は日本の教育を、民主的な教育の理念、方法、制度のありかたの改革について三月三〇日に提言して帰国したが、その後も日本側委員会は拡大強化され恒常的な委員会となった。

日本側教育家委員会を改編して、戦前の教育を刷新するために内閣総理大臣の下に一九四六（昭和二一）年八月一〇日に教育刷新委員会が設置された。教育刷新委員会は専門別に二〇の特別委員会を設置し議論を進めた。

一方、文部省も九月一四日に「教育基本法要綱案」を、一八日に「教育基本法要項案」を作成し、次のような要項案が教育刷新委員会に提出された。

（一）教育の目標〈目的〉

1、教育は、真理の探究と人格の完成とを目的とし、民主的、文化的な国家及び社会の成員としての責任を果すことができる健全な国民を育成することを本旨とすること。

右の案を受け、教育刷新委員会第一特別委員会は一一月一日に「教育基本法要綱案」を提起した。その（一）「教育の目的」を次のように規定した。

教育は、人間性の開発をめざし、民主的、平和的な国家及び社会の形成者として、真理と正義とを愛し、個人の尊厳を尚び、勤労と協和とを重んずる、心身共に健康な国民の育成を期するにあること。

文部省の要項案に「開発」と「勤労」はなかったが、教育刷新委員会は「開発をめざし」と「勤労と協和を重んずる」を挿入した事が特徴である。ただ、「協和」を重んずることとしており、全体的には個人主義に歯止めがかかっていた。

当時わが国はGHQによる間接統治下にあり、法令の制定にはGHQとの調整が前提であった。各種の法令はGHQとも協議を重ねており、「教育基本法」案も同様であった。「教育基本法」案は文部省からその都度英文に訳されGHQに提出された。

教育刷新委員会の提起を受け、文部省は一一月一四日に"Draft of Educational Fundamental Law"を作成した。しかし、そこには「勤労」の用語は訳されていない。この例が示すように、「勤労の教育」を訳すことに文部省のためらいが認められる。教育刷新委員会と文部省との「勤労」をめぐる齟齬は当初からあったことが分かる。

二、GHQの education の目的観を無視した文部省

「教育基本法」の草案の訳に対し、一九四六年一二月五日にGHQの大学担当官フィリップ・ウェンデル・シェイは「覚書」を提出し、「次のように配列すべきであると信じている」と極めて強い調子で論評を加えた。特に「第1条改定案」としてのA案は次のようである。

教育は、人間を特別な職業の訓練に適合させながら、その職業の枠内で優れた「申し分のない、よく適合した、あるいは良い」個人的、社会的生活を達成させ易くする精神、意志、感情について修養を分かち与えることを目的とする。

シェイの案の「教育」はeducationである。この案は教育の問題を検討するときに極めて重要である。その第一点は、「教育」の目的を論じる際に明確に職業の訓練を重視していることである。そして第二に、その職業の用語としてcalling（天職）を用いていることである。このことは次の推測を強く導くことになる。

その三番目は、右の提起は日米の「教育」とeducation観の相違が明確である、ということである。ただ、アメリカ人がeducationと「教育」の言葉の差違について気づくはずはない。文部省が意図的に騙したわけではないが、日米双方とも英語の訳を日本側が異なった概念の言葉を当てているなどとは思いもよらないことであろう。

その結果、右に紹介したシェイの「第1条改定案」が提起されたが、しかしながら、成立した「教育基本法」の第一条ではシェイの提言は完全に無視され、教育刷新委員会が提起した文言の手直しで終わっていることが分かる。憲法と同様、「教育基本法」も日本側のイニシアチブで制定されていたのである。

この問題は、新たに出てくる「社会教育」条項に必然的に派生することになる。

三、「社会教育」への日米の思惑

当初原案になかった「社会教育」

先に紹介した時の文部省の「教育基本法要項案」に「社会教育」の条項はなかった。従って、教育刷新委員会の「教育基本法要綱案」にも「社会教育」はなかった。しかし、成立した「教育基本法」には第七条に（社会教育）が規定された。この条項は学校教育中心のわが国の教育論の中ではあまり知られていないが、極めて特徴ある次のような規定であった（傍点引用者）。

> 家庭教育及び勤労の場所その他社会において行われる教育は、国及び地方公共団体によつて奨励されなければならない。
> 国及び地方公共団体は、図書館、博物館、公民館等の施設の設置、学校の施設の利用その他適当な方法によって教育の目的の実現に努めなければならない。

特徴あるとは、第一条の「教育の目的」に「勤労と責任を重んじ」が規定されたことを受け、右の第七条第一項のように「勤労の場所…における教育は、…奨励されなければならない」が規定されたことである。

「勤労の場所」とは工場であり、様々な職場である。そこでの教育とは企業内教育であり、あるいは職業訓練とも言われる営みである。職業訓練は社会活動として「社会教育」に入れたと考えられるが、この条文の意味を巡り「教育」についての本質的な議論が展開されるのである。このような規定が「教育基本法」に規定された経過を整理してみよう。

文部省は教育刷新委員会の「教育基本法」制定の建議を受け再検討した。そして、一九四六（昭和二一）年九月二〇日の教育刷新委員会第三回総会にその全体案を再提起した。そこで田中耕太郎文相は次のように説明した。

> 社会教育というような項目は掲げませぬでしたが、……勤労の問題等多々ありますが、……重点主義に従って頭を出して置いた方が宜しいというので考えた…

当初は「勤労の場所における教育」が規定される「社会教育」に関する条文を意図的に外していたが、改めて「教育基本法」に入れたのであった。

educationと「教育」との差異を固定化

「社会教育」が草案に盛られたのは、文部省が「教育基本法要項案」を出した九月一四日から三ヶ月後の一二月二九日である。文部省の要綱案は、社会教育としては極めて明確に「工場、事業場その他国民の勤労の場においてなされる教育」を規定していた。これは、シェイの提言を「教育の目的」に入れるとわが国の慣習になじまないと考え、「社会教育」にしたのかも知れない。このことによりeducation の概念であった職業を目的とすることを教育一般ではなく社会教育に限定したのであった。ここに職業に関する education と「教育」との概念の差異を固定化することが始まった。

「工場・事業場の教育」から「勤労の場の教育」へ

ところで、他の条項が幾度となく検討され、制定までに三ヶ月と迫った時期に出された「社会教育」の規定は、教育学界で言われるように民主的な条項として必要だったということだけでは説明が薄弱なように思われる。そのためか、一九四七（昭和二二）年一月二三日に法制局から第七条のみが「文章がねられていない」という批判を受けている。この批判は、法文上からも第七条が問題を孕んでいたといえよう。この問題は最後に検討する。

やがて、教育刷新委員会は一二月二七日の十三回総会において第一回建議として「教育基本法の各条項として」提言したが、これらは「新憲法の趣旨を敷えんするとともに、これらの事項につき原則を明示すること」としていた。

ところが、法制局からの指摘を受けた後、一九四七（昭和二二）年一月三〇日の文部省案は「第一条教育の目的」に「勤労と責任とを重んずる」を加え、「第六条　社会教育」を「勤労の場その他社会において行われる教育」と変更した。

「社会教育」の「勤労の場…教育」の規定は第一項になり、制定された「教育基本法」に近づいている。しかし、「工場、事業場」は「勤労の場の教育」と抽象的な言葉に変化している。このことは、労働者への教育問題をさらに抽象的にしたといえる。このことが後の第七条第一項の取り扱いが問題となるのである。

ところで、「勤労の場所における教育」の意味は、民主的な労働教育を目指したものというのが戦後の定説であったが、それだけではなく、第六章にて詳述するが保守的な思惑として「勤労（即）教育」の精神が隠されていた規定でもあった。

「社会教育」への日本の思惑

右の思惑については、社会教育研究者の三井爲智が「本法における社会教育関係条項の成立には、占領軍の側からの、『成人教育による民主主義普及』の期待と、『神社中心の社会教育の振興』によって『国体護持』を貫こうとする旧勢力の熱望との、あい矛盾するものの競合があった」（傍点引用者注）という指摘が示している。

ただ、三井もまたその後の研究者もこのことを詳しくは述べていないが、第二章で紹介した神祇省は一八七七（明治一〇）年に内務省に統合され社寺局となり、学校以外の社会における国民の教化策を担当していたのである。このように、「旧勢力の熱望」の意味は、戦前・戦中期において社会における思想統制の一環として行われたことの継続である。それは、それまで使用されていた「通俗教育」を一九二一（大正一〇）年に「社会教育」に変えたことで始まった。

この改称を契機に、文部省は三年後に学校事務を担当していた普通学務局に社会教育課を設置し、一九二九（昭和四）年には社会教育局に昇格させ、内務省が管轄していた青年団、教化団体に関する事務を全て統括するようにしたのである。青年団、教化団体に関する業務としては、神社等の地域における青年の教化が行われていた。このような「社会教育」を戦後も「教育基本法」に入れようとしたことが、「神社中心の社会教育の振興」という意味である。

一方、アメリカでは"Adult Education"として成人の学習が支援されていた。つまり、「占領軍の側からの、『成人教育による民主主義普及』の期待」を「勤労の場所における教育」に読み替えたということになる。このようにして成立した「教育基本法」案は未だGHQからみると不備があったはずである。

先述のシェイが教育の目的を提起した時点では文部省の法案に「社会教育」は盛り込まれていなかったため、「覚書」にも"Social Education"はなかったが、シェイの「A案」は後に紹介する第七条第一項を翻訳しなかったことを検討するときに重要である。先にも記したように、その第一点は、シェイの案では教育の目的として職業的訓練を重視しているということ、そして第二に、その職業の用語として"calling"（天職）を用いているからである。

第七条が途中から委員会に提案されたように、政府側も一貫した民主化の方針で「教育基本法」を設定したものではないことが分かる。

education と職業との関係

第七条の議論は単純には進まなかった。その曲折した要因をこれまでの研究では明らかにしていないが、筆者は当事者たちも気づかない日本側の「教育」に関する考え方と、GHQのeducationに関する概念の違いによるものと推測する。

シェイの提言に類似した指摘は少し後になるが、GHQの経済科学局からも出ていた。一九四九

（昭和二四）年一二月三〇日にＧＨＱの経済科学局は「労働課便覧」を発行し日本政府に指示したが、そのなかで職業訓練の目的を次のように述べていた。

教育の機会均等＝「教育の民主化」原理の労働の分野における発現であり、憲法で保障された職業選択自由の権利実現の場とすることにある

この便覧は「職業選択の自由」と「教育の機会均等」が「教育の民主化」として極めて重要な課題として提起していたのである。このような論理が戦後の教育改革として実行されなかったことが、今日の問題に連なっている、と言える。

「勤労の場所の教育」の構想

文部省も国会対策として当初は条文の字句の通りに考えていた。たとえば、一九四七（昭和二二）年三月一二日の文部省『予想質問答弁書』は、第七条の「勤労の場所に於ける教育について何か考えているか」の問に対し、次のように準備していた。

勤労の場所に於ける教育とは特に学校施設等においてなされる教育の外、工場労働者はその工場施設において、農業労働者は農村地域において、現在の環境に即して必要な実際的知識や公民的な教養を与える為に行はれる教育であって、就中《なかんずく》、工場・事業場等に於ける精神方面及び技能

上の教育は一日も等閑に附すことのできない現状に鑑み、文部省としても従来、各都府県に委嘱して工場・事業場等に於いて産業講座を開設しこれが目的達成につとめつゝあるのであるが、尚現在「職業教育並職業指導委員会」が文部、厚生両省共管の下につくられ既に六つの部会にわかれて各部とも毎週定例会を行い、新に職業に就かんとする者に対しては適材適所の指導並にその職業に必要な基礎的知識・技能を修得させる面や、現に業に就いている者の技能の向上、人格の修養を図る職業補導の面や、更に不具廃疾者に対する適職指導の面等各方面に亘り鋭意考究中であって、近くその具体的結論に到達する見込みであるから夫によって、至急適切な教育並指導の施設をなす方針である。

答弁書のように、今後の課題としながらも、新規就職者に対する各種の労働者教育を考えており、また、技能者養成（今日の企業内訓練）や職業補導（今日の公共職業訓練）、さらに障がい者訓練についても考えていたことが分かる。このことは、当初の狭い、旧弊の「社会教育」という思惑を超えて、幅広い education 観に近づいていたと言えるのであった。しかし、それは画餅であった。

四、「勤労の場所における教育」を削除したGHQ

「教育基本法」は一九四八（昭和二三）年三月三〇日に公布、即日施行された。その四日前の二七日にGHQはその英訳文 “The Fundamental Law of Education” を纏めている。

「教育基本法」を文部省が翻訳した"The Fundamental Law of Education"は教育資料集にも掲載され広く知られている。ところが、GHQが本国に送った翻訳では、第七条第一項のみが訳されていなかった。つまり、第七条第一項が削除された「教育基本法」だったのである。この訳文は、鈴木英一等によると「連合国軍最高司令官総司令部訳」ということである。この第七条第一項のみが訳されていなかったことについては『資料　教育基本法50年史』（勁草書房、一九九八年）にも紹介されており、研究者は熟知しているはずであるが、その意味については同書でも、またこれまでの教育学においても検討されてこなかった。このことは、「勤労の場所における教育」への関心が低いことを示す一端であろう。GHQは「教育基本法」第七条第一項をなぜ翻訳しなかったのだろうか。

このように事前のDraftにあった第七条第一項が最終的な米国本国へのGHQの報告文では削除された意味は何だろうか。この疑問に対し、いくつかの推測が浮かぶ。

ただ、GHQの担当官がうっかり忘れたということはないか、という疑問だが、これはないといえる。なぜなら、制定過程においてGHQは文部省のDraftを何度も見ているし、また、GHQの一九四七（昭和二二）年三月二七日のDraftでは「勤労の場所における教育」を"education carried out in places of work"と訳していたことを見ると、GHQの行為は意図的であったと思われる。それではなぜ第七条第一項を除外したのか、さらに疑問が深まる。

先ず浮かぶ推測は、日米の教育観の相違のためではなかったかということである。それは、もともと「社会教育」が日本的であり、米国での"Adult Education"とは概念が異なっていたこととも絡んでいたのではなかろうか。例えば、一九四六（昭和二一）年一一月から一二月の間に文部省内で検討された“PROPOSED AMENDED DRAFT”は当該箇所を簡単に“Adult Education”と記していたことが一つの傍証となる。

また、先に紹介したシェイの「第一条改定案」にもあるように、本来educationには日本的な職業訓練的意味が込められており、日本の草案に記された“places where people work to provide workers”に注目が集まったとしても不思議ではない。すなわち、なぜわざわざ勤労の場所における教育を第一条ではなく第七条に掲げるのか、ということ、より明確に述べると、「勤労の場所における教育」という職業訓練はeducationの立場からは第一条のeducationに含まれるので不要であるとの疑問が生じることである。それは、シェイの「第一条改定案」で「職業訓練」の意が込められていたように、アメリカ人のeducationの立場からは、その条項はなくても良いということになるからである。

これまでの論のように、「勤労の場所における教育」が労働者の職場教育であるとすれば、第七条の「社会教育」ではなく、「成人教育Adult education」でなければならなかった。このことは前述の三井の指摘からも首肯できよう。「勤労の場所における教育」を表す「勤労教育」とは戦前・戦中の「勤労報国」、「勤労動員」及び「勤労奉仕」が直ぐに想起される言葉でもあった。

アメリカ人も英文を誤解する

第七条第一項をＧＨＱが翻訳しなかったことに関してアメリカのマイケル・エバース博士に意見を求めた。エバースの回答は「教育」に対する認識が日本人とアメリカ人とで全く異なることを示していた。その意識の差には、社会情勢の見方、世界情勢の見方が大きく反映していた。

それは、当時の世界は「冷戦構造」が構築される過渡期であったことを考え併せる必要があった。“Social Education”は米国では使われていず、米国民は“Socialism（社会主義的）Education”と間違いやすい、との危惧を避けるためではなかったか、と考えられると言う。ＧＨＱが第七条第一項を訳さず、「文化的教養」を育むことを規定した無難な第二項のみを訳した、と考える見方は成り立つ。この見方はエバース博士のみだけではなく、彼の多くの友人も賛同するとしていた。

ちなみに、アメリカ人も英語を早とちりして誤解をする場合があることを知った。例えば、筆者が勤めていた職業訓練大学校はＭＩＴを真似て当時の英語名をＩＶＴ“Institute of Vocational Training”としていたが、一九七五年頃アメリカのカーネギー研究所で月の石を研究していた村瀬勉博士に届いた同研究所からの手紙の宛名は“Institute of Volcanology Training”（火山学訓練所）と記してきたことがある。このような誤解がアメリカ人にも起きることを恐れて、誤解されないように無難な訳のみにした意味は、冷戦体制の進行の下では当然なことであった、といえよう。

以上のように「教育基本法」第七条第一項の「勤労の場所における教育」をめぐる日米の思惑の立場とその違いが明らかになった。第七条第一項は、日本政府の保守的体制へ回帰したいというわが国の政治的思惑と、社会主義思想教化へと誤解される危惧を露呈させたくないというＧＨＱの政治的思惑の産物だったと言える。これらの思惑の背後には、日本における「教育」と欧米における“education”観の相違による様々な問題が内在していたのであり、その問題を孕んだまま、「教育基本法」第七条第一項の「勤労の場所における教育」は規定されたのである。

「勤労の場所における教育」にはわが国における職場教育、労働教育をめぐる極めて重大な課題が秘められていたが、日米の思惑により、その本質は解明されず、第六章で紹介するような今日の問題に拡大したと言えよう。そして、「勤労の場所における教育」は教育界からも軽視され、無視されて来たのであった（「『教育基本法』の『勤労の場所における教育』をめぐる教育観」、『職業能力開発総合大学校紀要』、一九九九年三月）。

五、「教育勅語」と「教育基本法」の共存

戦前の国民の精神を形成した源は「教育勅語」であることは誰もが認めることであろう。そのような戦前の教育を刷新するために新たな活動が始まったが、「教育勅語」に代わり制定されたのが「教育基本法」であると一般に思われている。このように論じる教育研究者も少なくない。つまり、両者が共存することはあり得ないはずである。「国家総動員法」とその関連法も戦後直後に廃止されたのであり、「教育勅語」は法令ではないので無効化されるべきだったはずである。

ところが、新たに制定された「教育基本法」の最大の問題は、「教育勅語」と一年以上にわたり共存していたことである。戦前の教育を刷新すべく始まった教育刷新の議論は「教育勅語」が生きている下で戦前の教育観で議論され、施策されたのである。

「教育勅語」精神での戦後教育改革

しかし、このことは当然なことであった。戦前の精神と新たに教育を刷新しようとした政府要人の

立場・観念は連続していたからである。後に文部大臣となる学校教育局長の田中耕太郎は一九四六（昭和二一）年二月二一日の地方教学課長会議において、「教育勅語」を擁護して次のように訓示した。

教育勅語は我が国の醇風美俗と世界人類の道義的な核心に合致するものでありましていはゞ自然法とも云ふべきであります。即ち教育勅語には個人、家族、社会及び国家の諸道徳の諸規範が相当網羅的に盛られて居るのであります。それは儒教、仏教、基督教の倫理とも共通して居るのであります。…即ち現在に於て教育勅語は決して無視されてはならないのでありまして考へ様によっては従来教育勅語が一般に無視されて居たからこそ今日の無秩序、混乱が生じたと考へられるのであります。

右の訓示のように、田中は教育勅語に全く疑問を持っていなかった。しかし、その理解は、国民が考えている「教育」ではなく、道徳であることは明白である。「教育勅語」信奉者は「教育勅語」の内容としてその徳育の部分を強調していることが特徴である。「教育」であれば、「教育勅語」の「学ヲ修メ業ヲ習ヒ以テ智能ヲ啓発シ」の部分を示すべきであるが、勅語復古者がこの部分を賛美している論を知らない。田中は後に最高裁判所長官になるが、戦後の教育改革のスタートからわが国の教育改革の思惑と立場が問題であったと言える。

田中だけではない。先に紹介したアメリカ教育使節団に協力する立場であった日本の教育家委員会は一九四六（昭和二一）年四月上旬に勅語に関して次のような意見を出した。

一、従来の教育勅語は天地の公道を示されしものとして決して謬りにはあらざるも、時勢の推移につれ国民今後の精神生活の指針たるに適せざるものあるにつき更めて平和主義による新日本の建設の根幹となるべき国民教育の新方針並びに国民の精神生活の新方向を明示したもふ如き詔書をたまはり度きこと

日本側委員会のメンバーも戦後教育のためにあらたな勅語に期待していたことが分かる。この時の教育家委員の多くが後の教育刷新委員会のメンバーとなるが、戦前教育を改革しようとしていた委員のメンバーも如何に戦前の国体観に染まっていたかを示している。

これらのように、政治家だけでなく、当時の多くの高級官僚、知識人も教育に関する勅語の下賜に期待していたことが分かる。国民のための教育の民主化という意識は未だ指導者・知識人に形成されていなかったのである。

しかしながら、「教育勅語」と「教育基本法」が併存するという占領期の矛盾は、GHQの黙認の下でなければ困難である。この背景にあるのは、当時の東西冷戦が進む中で、日本を米国のコントロール下に置くためにGHQは黙認したと言うのが定説である。

しかし、流石にGHQも「教育勅語」が併存していることに危惧を感じ始める。

ＧＨＱから指示された「教育勅語」の失効決議

ＧＨＱは一九四八（昭和二三）年五月に衆参両議院の文教委員会委員長に教育勅語を否定する決議をするように口頭で指示した。ＧＨＱの態度の変化は、ＧＨＱの上位にある戦勝国連合の極東委員会第四委員会において、ソ連が「教育基本法」は教育における民主主義の強調や民主的制度としての教育について言及していない、と批判したため、極東委員会も「教育基本法」の適否についての決定を棚上げしていたとして、極東委員会がＧＨＱ攻撃に転化しかねないとの危惧を感じたからであった。「教育勅語」の失効決議は、ＧＨＱの方針転換から指示されたのであり、日本側からの発案ではなかったことは日本人が如何に戦前の教育観の精神に呪縛されていたかということを示している。「教育勅語」の国会における失効確認の決議は「教育基本法」が制定されて一年三ヶ月後の一九四八（昭和二三）年六月一九日だった。

この「教育勅語」と「教育基本法」との共存は何を意味しているのであろうか。それは第一に、「教育基本法」が「教育勅語」の精神が未だ浸透している中で、その精神を否定していない人々によって制定されたことである。このことからも「教育基本法」は誕生の前から民主的だったとは言えなかったことを示している。さらに、そのような「教育基本法」の理念・精神に基づいてその後の教育関係法は制定されているのである。このことは、同時に制定された「学校教育法」のみでなく戦後の教育体系が根本的に「教育」の言葉を守る限り、奇妙な制度になり得ることを示しているのである。

ＧＨＱによる施政権が返還された後、統治政策の再検討が始まり、一九五一（昭和二六）年の政令改正諮問委員会が「教育制度の改革に関する答申」で教育委員の任命制等を答申し、教育が反動化したという論が一般的である。しかし、以上のような経過にみるように、元々教育は戦後に民主化されることなく、民主的な様相を示していたのはGHQのeducation観によりコントロールされていたからに過ぎないのである。

『戦中派不戦日記』を出版した山田風太郎は「あとがき」で「昭和二十年以前の『歳月と教育』の恐ろしさもさることながら、それ以後の『歳月と教育』の恐ろしさよ…」と記している。山田は戦後も教育が国民教化の機能として変わらぬことを実感していたことが分かる。

二〇一七（平成二九）年の春先から国中を賑わしている森友学園の幼稚園で「教育勅語」の暗唱を指導していた籠池理事長が批判される中で、安倍内閣は三月三一日、「教育勅語」について、「憲法や教育基本法等に反しないような形で教材として用いることまでは否定されることではない」との答弁書を閣議決定した。このことは、「教育勅語」は国会で排除・失効決議されたものを、教材として使っても良いとするものであり、重大な国会軽視であり、国民無視と言えよう。

（新）「教育基本法」の第十六条にも「教育は、不当な支配に服することなく…行われるべき」とあるが、閣議で「教育勅語」の利用を決定しても良いのだろうか。「内閣府に押し切られた」と前川喜平前文部科学省事務次官は加計学園の獣医学部設置に関しては批判した（二〇一七年五月二五日）が、「教育勅語」の利用に関しては官邸を官僚は誰も批判しなかった。為政者だけで無く、文部官僚の意識は教育の施策については麻痺しているのである。

このように、「教育」の使用は「教育勅語」容認に限りなく近づくのである。今日の状況は、戦後の「教育勅語」と「教育基本法」が共存した時期が再到来しつつあるような様相を示している。

鈴木安蔵は改正を提起していた

「教育勅語」と「教育基本法」が共存していたということは「教育」観だけではなく、「教育基本法」が法律としても問題だったことを意味する。しかし、このことに誰も気付かなかった訳ではない。前章で紹介した「憲法草案要綱」を起草した鈴木安蔵は、一九四六（昭和二一）年の初頭には「教育勅語」の廃止を訴えた。さらに、「教育基本法」が制定された直後にも「教育基本法」は早く改正すべきと提起していた。

鈴木は「教育基本法」は「あまりに抽象的であり、かつまた、条文によっては、はなはだあいまいで、解釈上いく多の疑問が生ずる点が多すぎる」と批判している。そのため、「十分に自己の確信する教育がなしえないと考えられるにいたったならば、すすんで、教育基本法の改正をはかるという態度が必要である」と述べている。「自己」とは「国民自身」という意味であろう。国民は進んで国民のためになるような改正を主張すべきだ、としていたのである。序論で紹介したように、鈴木は抽象的な美的な法律文の危険性について警鐘をならしていた。しかし、「教育基本法」は革新団体に守られてきたため、問題は深刻さを増すだけであった。

「教育基本法」が極めて抽象的な法文であり、鈴木は、そのような法令は国民のためにならない、と主張していた。確かに、ドイツの法令はきわめて細かなことまで規定されていることが知られているが、権力の勝手な振る舞いを縛る意味としては理解できる。そして、鈴木は「教育に中立はあり得ない」との立場から戦後教育に当初から疑問を呈していたのである。

「教育の中立」の問題

「教育基本法」が曖昧であったことは、法が「教育の憲法」としての性格があるため、細かな規定は不要だ、という判断であったのかもしれない。しかし、それは鈴木が予見したように、次第に為政者の施策に利用されることになったのである。

鈴木安蔵の提言から六〇年を経て「教育基本法」は〝改正〟された。確かに条文の分量は増えて詳しくなったが、その内容は鈴木が危惧したことを払拭しているとは言えない。むしろ鈴木が提起した事とは全く逆の視座から〝改正〟されたことは明らかである。今回の改正によって再び議論になったように、「教育勅語」の精神に近づいたことは明らかである。

「教育の中立」に関して気になるのは、二〇一六（平成二八）年に選挙権が一八歳に引き下げられ、併行して「主権者教育」が叫ばれ始めたことである。一見、素晴らしい施策に見える。ところで、主権者は国民・生徒であるから、主権者としての自覚を持たせようということだが、生徒が自ら進んで学習権を要求しようということを指導することは、上から実施する教育とは論理矛盾であり、それを実施する現場は混乱するのではないか。

これまでも「平和憲法を守る」という教育現場の実践に対して為政者は〝偏向教育〟だと批判してきた。改憲をスローガンに掲げている与党が、このテーマは中立ではない、という批判を起こす可能性が高いが、教育現場で混乱が起きる責任は政府にあるのは明らかである。二〇一六年の参議院選から一八歳以上が投票することになったが、自民党は公式ホームページで「学校教育における政治的中立性についての実態調査」を実施し、「政治的中立を逸脱するような不適切な事例」の一部を文部科学省に情報提供して対応を求めるとした。

既に、そのことを危惧して教師達の自粛が起きている。「主権者教育」は単なる投票に行くことだけの解説になりそうである。にもかかわらず、投票率は高まらず四番目の低さであった。

為政者の思惑で施策しやすい「教育」を用いる限り、「教育の中立」を問題にすると、そこでは「中立」が守られないことが明らかであろう。森友学園問題の火消しの一方、政府はこの四月に「教育基本法」に反しない限り「教育勅語」の朗読は許されるとする欺瞞を発表した。森友学園での「教育勅語」を暗唱させていた教育を正当化させるだけでなく、失効していた「教育勅語」そのものの復権を図ったのである。

為政者による「教育」使用の本質がここに現れている。正に「虎に翼」に相当する今日の「権力者に教育」と言えよう。

六、「教育の機会均等」を学校内に限定した文部省

これまでみたように、「教育基本法」の第七条「社会教育」に「勤労の場所における教育」が規定されていたが、ＧＨＱが抱いた危惧とは別の問題として、その理解に教育刷新委員会と文部省の「教育」観の齟齬が法の施行後に明確になってくる。

職業訓練の単位認定の可否

教育刷新委員会は「教育基本法」第七条の「社会教育」について、より詳しく解説するために一九四八（昭和二三）年二月二八日に第一三回建議として「労働者に対する社会教育について」を建議した。その建議の第三項目は次のような文言であった。

労働者のための技能者養成所、見習工教習所、組合学校等の教育施設に対しても…（中略）…教育の機会均等の趣旨に基き、高等学校、更に大学へ進みうるために単位制クレジットを与える措置を講ずること。

ここで補足すれば、教育刷新委員会第一三回建議の意図は、日本の「教育」観ではなく、educationの概念で再考すれば自ずとその意味が理解できるはずであるが、このことを明確に意識している人は、当時は未だいなかったのである。なお、当時は「職業訓練」の用語は使用されていなく、技能者養成所、見習工教習所、とは今日の企業内訓練校のことである。「職業訓練」の用語の使用は一九五八（昭和三三）年の「職業訓練法」制定以降である。

右の建議の構想は、例えば、イギリスにおいて一九九五年以降に学歴資格と職業資格を統合する国家資格枠組みＮＶＱ（National Vocation Qualifications）の検討が始まったが、イギリスの模索よりも早く、教育刷新委員会第一三回建議はその先鞭をつけていた、といえる。この課題は今日でも重要なテーマであり、ＥＵ諸国の検討課題になっている。

この第一三回建議の構想を佐々木輝雄は「学校制度外教育の機会均等」と呼んでいる(『学校の職業教育』多摩出版、昭和六二年)。しかし、文部省はこの建議のみは拒絶した。この課題が、わが国では「学校ではないけれどもクレジットを与える」の教育刷新委員会・改革提言派と「学校でないものにクレジットを与えるわけに行かない」の文部省・体制維持派との対立としてあらわれており、わが国の「教育」観の根本問題をあらわしていたのであった。

右の建議を文部省が拒絶した事について、「官僚の怠慢」とする批判があるが、文部省官僚は法を守り「教育」を守る立場であり、官僚批判は筋違いである。この問題に潜む課題について、佐々木によれば、その根幹は「教育の機会均等」の捉え方にあった、とする。つまり、戦後高等学校の制度の改革における「教育の機会均等」理念は、学校制度内での高等学校の制度の整合性を追求することによって、高等学校の「教育の機会均等」を保障しようとするものであり、教育刷新委員会の第一三回建議はこのことに異議を唱え「教育の機会均等」の保障とは、「学校制度外教育」までを含めた「機会均等」の保障であったとする。このときの教育刷新委員会の「教育」観は“education”の観念と極めて近かったと言えよう。

なぜなら、文部省の言うような「教育の機会均等」概念は、⑴教育学的に人を育て成長させるという営みがすべて、学校で行われ得ることを証明できること、⑵学校で行うことが物理的に可能であること、等が論証されていなければならない。しかし、この二つの条件は実現不可能である。このような問題に関して教育刷新委員会は建議を拒絶した文部省の説得を結果的に放棄したと言える。

先に紹介した文部省の「教育基本法」第七条に関する「予想質問答弁書」は、「現在『職業教育並職業指導委員会』が文部、厚生両省共管の下につくられ……、近くその具体的結論に到達する見込みであるから夫によって、至急適切な教育並指導の施設をなす方針である」と予定していたが、この問題の具体化が困難な文部省は法の制定後に反故《ほご》にしたのである。その理由は後述するが、文部省は労働省の後発官庁よりも誇り高く、次第に行政機構が整備されると、一八七九（明治一二）年の「教育令」によって、農商務省の職業学校を統摂したように、独自路線、縦割り行政を追求しようとしていたのである。

しかし、佐々木が指摘したように「教育基本法」第七条第一項に関する問題は、教育刷新委員会第一三回建議の弱点を越えて、「教育」そのもの、つまりそのような条文を作成した日本人の「教育」観そのものにあるのではないかという課題が生じたのである。

労働省の早合点

とは言うものの、それまでの教育刷新委員会の建議の多くは実行されてきたので、労働省は教育刷新委員会第一三回建議を見て、この建議が施行されると推測して新たな施策を実施した。それは、戦後の企業内訓練の基準であった技能者養成の「教習事項」を一九四八（昭和二三）年六月三〇日に告示したことである。その教科時間数は三五時間の倍数で設定されていた。「教習事項」は訓練職種により学科と実習の比率は異なるが、全職種科とも三年間で計一二六単位で設定していた。周知のように、戦後の高等学校の単位は三五時間単位で設定され、当時は三年間で一〇五単位であったからである。技能者養成が高校よりも単位が多いのは現場実習があるからである。

このように設定した意図を労働省は、養成工である「技能習得者は少なくとも中学校卒業者であり、……高等学校程度ということが言えるのであり又そうすることがのぞましい」と述べていた。技能者養成のための「教習事項」における三五時間は、高校の単位への換算を容易にするための措置だった。

しかし、先に見たように、文部省は第一三回建議を拒絶したため、「教習事項」の基準枠組みは無意味な基準となった。とは言え、いったん公示した基準を直ぐに廃止・改定するわけにもいかず、一九六九（昭和三四）年の「職業訓練法施行規則」による新「訓練基準」が施行されるまではその基準枠組みが継続された。新基準によって一九四八（昭和二三）年の教習事項をご破算にし、一八〇〇時間の今日に続く労働時間制の訓練基準としたのであった。

教育刷新審議会の職業教育振興方策

教育刷新委員会は文部省の拒絶にあっても、労働の場における教育の重要性を検討していた。そして、教育刷新委員会を改編した教育刷新審議会は一九四九（昭和二四）年六月の第一回総会で第三〇回建議（番号は継続）「職業教育振興方策について」で次のように述べた。

> あらゆる国民は職業によって各自の生活を営むとともに、社会国家の要請に寄与してゆかなければならないから、職業教育の重要なることは言をまたないところである。ここに産業を復興しわが国経済の自立を期することは新日本建設の上に最も肝要であって、職業教育振興の要、真に今日より急なるはない。
>
> しかるに新教育制度の実施により一般教育の点においては画期的刷新が行われ、進歩改善の跡

を見るが職業教育に関しては大いに見劣りせられるものがあり、職業教育軽視の風潮すら生じつゝあるは甚だ遺憾とするところである。(一〜三項略)

四　定時制高校の教育をして完成教育の実を挙げしめるため、実情に即し職業科目中心の教科課程を編成すること。

定時制高校分校設置基準を緩和し、容易にこれを設置し得るよう改めること。

定時制高校と技能者養成所との提携を密にし、労働省は定時制高校の課程を技能者養成の一部と認め文部省は技能者養成に対し単位制クレヂツトを与える措置を講ずること。

五　企業又は産業団体に於ける職業教育に協力するため学校は聴講制度、委託学生制度、特別開放講座、巡回講師制度等を設け、また実習場及び、実験室を公開利用せしめること。(後略)

右の建議は文部省への再要望というだけでなく、職業教育が軽視されている現状への批判となっていることが注目される。特に、冒頭の「あらゆる国民は職業によって各自の生活を営む」と明記されているように、職業教育は国民が自立のために必要である意義を強調している。往々にして、職業教育は企業を利するだけだという単純な教育論がある中で、このような主張が当時行われていたことは注目される。

教育刷新委員会第一三回建議及び教育刷新審議会第三〇回建議に共通に認められることは、職場における教育を重視し、学校教育とのより密な連携を求めることであった。第三〇回建議に対する文部省の詳しい対応は明確ではないが、先の文部省の論理とその後の経過を見て文部省が施策を転換することはなかったといえよう。むしろ、逆に、文部省は労働省管轄の職場における教育を限定的に捉える施策を明確にするのであった。

文部省・労働省の教育訓練に関する離反

労働者に対する教育訓練は、様々な省庁が労働者を対象にしているため、それらの方策が重複するようにも見られる。行政組織の整備が進むと、この重複を避けようとすることが必然のようだ。換言すれば〝縦割り行政〟の進行である。

それは、「職場教育」の内、労働者の一般教育、技術教育、情操陶冶に関する事項、レクレーションを文部省の専管としようとするものであった。文部省のこのような施策は、労働省の方針と鋭い対立を示すことになる。結果、両省は一九四八（昭和二三）年七月二八日に「労働者教育に関する労働省（労政局）、文部省（社会教育局）了解事項について」の共同通達を発した。

同通達は、問題の単位クレジットを授与する対象者の問題でもなく、技能者養成に関係の無い労政局と社会教育局との合意であるにもかかわらず、以後の両省の教育訓練についての離反の根拠となり、学校教育と職業訓練との関連が遠のく要因となった。

しかし、文部省が学校制度外教育である職場教育を否定しても、職場での教育訓練はますます重要になって来た。産業界は戦後復興が次第に進む下で、文部省に職場教育、技能者養成に関する認定の要望を強めるようになった。

産業界の要請による学校中心の技能連携制度

中学校を卒業し、就職した若者の勉学意欲は高かった。彼等は多忙な業務と生活の合間を縫って定時制高校に通学し、高卒資格の取得を当座の夢とした。その中に、企業内の技能者養成を受けている多数の優秀な養成工がいた。高校進学率が未だ高くなかった時期であり、また、向学心に燃えながらも家庭の事情で進学出来なかった優秀な中学校卒業生が、学習の機会があり、かつ給与ももらえる企業内訓練が整備された企業への就職を希望する者が多かった。

しかし、養成工が定時制高校に通うことは、同業他社の待遇条件や世相をめぐるさまざまな情報を知ることもあり、企業にとっては好ましい事ではなかった。昼間の正規の業務に差し障りがあり、健康も心配であるという理由から、日本経営者連盟（日経連）は文部省に養成工等が定時制高校に通学せずに高卒資格が取れる制度の構築を要望した。日経連は様々な教育訓練の改革の要望の一つである一九五七（昭和三二）年一二月二五日の「科学技術教育振興に関する意見」において、「企業内の技能者養成制度と定時制高校および通信教育との一層の連携を図ること」を要求した。

産業界の要望を受け、登場したのが技能者養成施設と高等学校との連携であった。「技能者養成規程」の教習事項はその内容及び時間数において、定時制高等学校の教科と重複することになるので、定時制高等学校に進学する者の重複する学科については単位認定されるように模索されたのである。文部省は「学校教育法」を一九六一（昭和三六）年に改正し、次のような［定時制・通信制の技能教育］を追加した。

第五五条　高等学校の定時制の課程又は通信制の課程に在学する生徒が、技能教育のための施設で当該施設の所在地の都道府県の教育委員会の指定するものにおいて教育を受けているときは、校長は、文部科学大臣の定めるところにより、当該施設における学習を当該高等学校における教科の一部の履修とみなすことができる。

この新制度のことを「技能連携制度」という。この技能連携制度は、中学校卒業の訓練生に対する制度であり、修業年限三年以上で、年間八〇〇時間以上の訓練を実施している施設に対して工業高校との間で認められた。この制度で一九六六（昭和四一）年時点では四五の事業所で七千人余の修了生に高卒資格が授与された。しかし、今日では高校進学率の上昇で連携は激減し、訓練生は大幅に減少しているが、今でも全国で三社ほどの企業の施設でこの制度による教育訓練が一〇〇名前後で継続されている。

ただし、これらの運営が可能なのは大企業に限られ、中小企業では困難であった。このことを打開するために設立されたのが通信制の科学技術学園であった。必要な普通学科の単位認定が地方でも、中小企業でも可能になったのである。科学技術学園は、かって「欽ちゃんのもう一つの甲子園」で賑わした常勝高校であった。

二種の技能連携制度

技能連携制度は、しかし、教育刷新委員会が先に提起した「技能者養成に単位制クレジットを与える」制度とは根本的な差異がある。「単位制クレジット」方式は、無条件に職業訓練のカリキュラムを認め、訓練生に高卒資格を与えよ、という提起であり、「技能連携制度」は右の条文から分かるように高校の認定を満足すると認められた訓練施設に高卒の資格を与える、という制度である。つまり、後者は、「連携」といえども、あくまでも学校制度の基準を職業訓練が満たした場合に単位が認められるという前提なのである。

技能連携制度は教育刷新委員会が主張した「教育の機会均等」とは程遠い制度となったのである。とはいえ、企業側は養成工を社外に出さずにすむこと、訓練生は働きながら（職業訓練を受けながら）高卒資格を取得できるというメリットがあり、教育関係者を除けば異論は出なかった。

しかし、「教育の機会均等」は、教育概念の問題と合わせ、今日にも課題を残していると言えよう。しかしながら、その課題はついに放棄されることになる。

「勤労の場所における教育」が削除された新「教育基本法」

「教育基本法」は様々な議論の後、二〇〇六（平成一八）年に〝改正〟された。しかし、改正と言ってもほとんど原型をとどめないほどに変化している。条数は一一条から一八条に増え、全体の法文も約二倍半に増えている。

この改正「教育基本法」についての批判は多くあるが、本書で注目すべきことは旧法にあった「勤労の場所における教育」が削除されたことである。このことは旧法で認め、国会での文科省質問答弁書で予定していた「勤労の場所における教育」の意義であった「現在の環境に即して必要な実際的知識や公民的な教養を与える為に行はれる」ことを完全に排除したことである。また、それだけではなく、学校教育では不可能な職場経験等の学習の機会をも考慮しないことになったことである。つまり、教育を学校教育に重点化する「教育基本法」になったのであった。このことにより、教育刷新委員会の第一三回建議等は、全く無意味な歴史的古文書になった。このような教育策は世界の先進国の動向とは真逆な事が明らかである。

「勤労の場所における教育」の削除による実際的な学習機会の無視によって、次章で解明するように今日勧められている〝キャリア教育〟や「職業教育」の振興という施策に不可欠な基本的視座が正反対に陥ってしまった。「勤労の場所における教育」を削除した下で、第六章で解明するように、小学校の「体験学習」のようなインターンシップが推進され、企業での職業体験が勧められているが、「教育基本法」としての論理が逆転しているのである。このような論理矛盾が、「教育基本法」の〝改正〟によってさらに深まったと言えるであろう。

市民の職業的自立の権利が規定されているフランスの〝教育基本法〟

「教育基本法」はわが国では極く自然に存在すると思われているが、国際的には珍しい法である。わが国の「教育基本法」が改正される当時、文部科学省はホームページに「教育基本法資料室」を開設した。その中で、各国の教育関係法を紹介しているが、日本以外の国ではフランスの〝教育基本法〟として一九八九年七月に制定された「ジョスパン法」を紹介している。その第一条は次のように規定されているとしていた。

人格の発達、初期教育・継続教育の水準の向上、社会生活・職業生活への参加、及び市民としての権利の行使を可能にするため、教育を受ける権利は各個人に保障される。（傍点引用者）

なお、上の訳は文部科学省の紹介であるが、傍点の「教育を受ける権利」は第三章に紹介したように「世界人権宣言」と同じく“éducation”を「教育」とすれば「教育への権利」が正しい。

また、「ジョスパン法」を文部科学省は〝教育基本法〟と紹介したが、フランス語の“éducation”は英語のeducationと同義であるため、第三章で紹介したように直訳すれば「能力開発方針法」と訳すべきであり、文部科学省の訳は「教育基本法」が先進国にもあるように国民に信じさせようとした偽装の意訳と言える。

そして「ジョスパン法」の目的には学力だけでなく、当然ながら職業生活や社会生活が入っていることも分かる。この精神は序論で紹介したフレネの研究会が宣言した「現代学校憲章」を継承していることは明らかで有り、わが国の改正された「教育基本法」とは異なるといえよう。

所得の格差、階層の格差が「教育による格差の拡大」を生み出していると言われている。教育を学校内に限定している今日の観念では、「教育を受ける権利」、「教育の機会均等」を法的に守っているので問題はない、というが、こうした机上の考えに陥ると、問題の解決策が考究されない。国民主権の観点から、人間育成の基本法として「教育基本法」は再検討されるべきであろう。

第五章

educationを「学習」とした第二の意訳

――「生涯学習」という自己責任論と職業能力開発の包摂

「生涯学習」の言葉は今日では社会になじんでいるが、わが国では職業問題とは遠い語感を持っている。「生涯学習」は、一九七〇年代の技術革新に対応するため労働者の能力の向上のために主張された"Lifelong Education"が基であった。また、わが国の「生涯学習」の言葉には自己の能力開発は自己責任だ、とする論が見え隠れしている。このようにわが国特有の観念となった経過を本章では明らかにし、その問題性を考えたい。

「成功するまでに何回も失敗するのは当たり前」、「失敗がないということは経験がないのと一緒だ」、痛くない「**注射針をつくるヒントになったのは、40年以上前に作った継ぎ目のない鈴だった。**」（小学校しか出ていない職人：岡野雅行さん、二〇〇五年）

一、職人が実践していた「生涯学習」

職人と学習

「生涯学習」の言葉がテレビコマーシャルで賑わって久しい。生涯学習はわが国ではカルチャーセンターでの学習や、各種の資格取得の学習として使われているが、このような理解になった背景にはわが国特有の教育観が働いている。序論でみたように、「教育」にはeducationのような職業能力概念はなく、さらに「社会教育」において規定された「勤労の場所における教育」も無視されてきた経緯があるからである。

一九七〇年代の技術革新を背景に、労働者に対する課題としての検討が“Lifelong Education”として始まったが、人間の歴史と伴にその課題は元々あった、とも言える。なぜなら、わが国では「学ぶ」の言葉が「まねる」から発展したと言うことをみても分かる。つまり、「生涯」と言えば生まれてから亡くなるまでであるが、その間で最も長いのは労働期間であり、「生涯学習」が労働期間に焦点を当てるのは当然であるからである。

一時は差別的呼称でもあった「職人」が、近年はその業務への畏敬の念を表す呼び方として使われていることは喜ばしい。労働者と職人は同義であるとも言えるが、古き時代はほとんど「職人」の呼称であった。その職人が仕事の創意工夫をしたことにより、今日の社会が成り立っているとも言える。その創意工夫は職人の学習がなせる技であった。

シーボルトもペリーも共に日本の工芸技術の優秀さを讃え、ヨーロッパではとうてい模倣できない、と賞賛していた。法隆寺や三三間堂の耐震構造は職人の生涯学習の蓄積の成果であり、これらが今日の仕事、及び技術に繋がっていることを意味している。

職人が仕事をしながら常に腕を磨く努力を続けていたということは、第一に、学習の核心が仕事の中にあること、第二に、働く人は他人に教えられたものだけではなく、幾世代にわたって学習してきた蓄積の成果であることを意味している。これらのことを今日の言葉で表せば「生涯学習」ということになる。職人が「生涯学習」をしているという話は限りない。

仕事の中での学び

例えば、法隆寺の最後の棟梁であった西岡常一は孫弟子達に次のように記している（『木のいのち木のこころ』新潮文庫、一九九四年）。

鵤工舎の若者につぐ　親方に授けられるべからず。
一意専心親方を乗りこす工風を切さたくますべし。
之れ匠道文化の神髄なり。
心して悟るべし。

「親方に授けられるべからず」は極めて重要な教訓である。つまり、生涯学習の核心は仕事の学習であることを意味している。「学ぶこと」の最も重要なことは「仕事の中」にあるといえるのである。職人は社会的条件に関係なく、仕事に生き、腕をみがき、新しいものを作る（創る）という意気込みがあった。腕をみがくことは親方の口移しだけの技術でできるわけがない。創意工夫をするための学習が必須である。だから、時代と共に発展した建築や物品が残っているのである。

職人形成、つまり仕事を通じて一人前になる過程を明らかにしたのは宗像元介であった。今は普通名詞として使用されている「ものづくり」を宗像は最初に使用したが、職人の形成として次のように総括している。

職人は徒弟修業システムによって徒弟、職人、親方の階梯を通じて形成される。徒弟契約も、教育内容の基準も公的ではなかったが、それにも拘らず徒弟の習得能力は多能的であり、一人前の職人の腕の水準もほぼ一定であり、しかも厳しく競われた。評価システム下の作品に託す自己表現欲がその原動力だと推定される。識字力は経営や学習のために、稽古事は制作や客とのコミュニケーションのために尊重された。

そして、徒弟制度は現代にも受け継がれている。若い職人達が茨城県竜ヶ崎の正信寺を一九九五（平成七）年に建造したのだ。屋根瓦だけで九〇トンの巨大なお寺である。材料の木材は今では世界中を探してもないため、今後はもうこれほど大きな木造の建造物は出来ないだろうと言われている。

この正信寺を造ったのは鵤工舎《いかるがこうしゃ》の若者達である。正信寺建築の責任者である棟梁は鵤工舎に入舎して八年目の若干二七歳の大野君であった。彼以外はもっと若い者ばかりであり、そのような若者達が正信寺を五年がかりで建てたのである。親方（舎主）の小川三夫は西岡常一の弟子となり修業した宮大工である。

鵤工舎は徒弟制度的に仕事をしており、若者達は徒弟制度により学んできた。鵤工舎の若者達でもこのような大きな仕事ができたのであり、職人の仕事の偉大さ、その伝承のすばらしさを実感せずにはいられない。

近代工業における〝徒弟制〟

いつの世も労働者の技術・技能の向上は重要な企業の課題であるため、労働者が技術・技能の習得を支援する体制が試みられている。近代工業で追求されている方法も徒弟制度と同じである。

最初にマスコミの話題となったのは一九九六年九月四日の『朝日新聞』に「『徒弟制度』やはり必要？」と取り上げられたマツダ（旧東洋工業）だった。この〝徒弟制度〟とは、「卓越技能者養成コース」のことであり、職業訓練短期大学校と並ぶ各種の教育訓練の一つである。このコースはコース名のように見習工教育ではなく、いわゆる徒弟制度ではない。

マツダの〝徒弟制度〟とは、工場の一角を仕切って〝伝承道場〟として指導者一人に生徒二人を基本とした体制で行っていたので新聞は〝徒弟制度〟と書いたのである。伝承道場は現場設備をフルに活用し、指導者は現場の非常事態発生時に援助が可能なこと、及び受講者は現場の感覚を忘れないことを意図している。

継承者（生徒）は見習工ではなく、四五歳以下の技能検定一級所持者である中堅の労働者であるが、彼らをラインから引き抜いてさらに高度な技術・技能を指導しているのである。コースが終了すると伝承者に「技能マイスター」の認定証を与えている。継承者には特に修了証はない。次には指導者になるように促し、伝承制度の継続化を図っている。

その後、このコースに似た制度が様々な企業から発表されていることを見ても、新入社員に対してだけではなく全ての労働者に技術・技能の伝承が重要であり、そのあり方が追究されている。

職業訓練による「生涯訓練」体系の整備

職人、労働者が生涯学習的意欲を持って組織的に取り組み、自身の技術・技能を研鑽するようになると、そのような営みを支援する制度も整備される。わが国でも職業訓練制度で検討が始まった。

政府関係の教育策に「教育」と職業訓練を統合した「教育訓練」の言葉が明記されるのは、一九六〇（昭和三五）年の「国民所得倍増計画」が最初である。ここに初めて、労働者の訓練問題が学校教育と対等に国の施策として提唱・位置付けられ、「生涯学習」制度整備の土壌が始まったと言える。

先ず、一九六九（昭和四四）年に制定された（新）「職業訓練法」は「職業訓練は、労働者の全期間を通じて段階的かつ体系的に行われなければならない」と規定した。この制度を通達では「いわゆる『生涯教育訓練』」であるとして、新規学校卒業者のための「養成訓練」、在職労働者対象の「向上訓練」及び失業者・離転職者対象の「能力再開発訓練」を設定し、それぞれにいくつかの課程を整備して全ての労働者（求職者を含む）の様々な労働事態に対応することにした。この「生涯訓練」の標榜は、我が国で最初に「生涯教育」を用いた森隆夫『生涯教育と学校教育』（教育開発研究所、一九七四年）の著書（一九七〇年）や、宮原誠一の『生涯学習』（東洋経済新報社、一九七四年）よりも早かった。

そして、一九七六（昭和五一）年の第三次「職業訓練基本計画」は「生涯訓練の基礎づくり」とし、四年後の第三次「職業訓練基本計画」は「生涯訓練体制の整備」としていた。しかし、その生涯教育訓練の重要性に反し、それが広く国民に支持されたとは言えない。

生涯学習体制の模索

このような状況の下、「日本人の職業生涯と能力開発を考える」懇談会が労働大臣の私的諮問機関として一九八〇（昭和五五）年に設置された。座長は天城勲元文部省事務次官、委員として本田宗一郎等の財界代表、学界から梅村又次、公文俊平等一四名が任命された。各委員は審議に関して次のようなメモを提出している。

報道関係有馬真喜子・縫田曄子婦人教育会館館長：「女子の能力開発」
牛尾治朗：「提言」
大沼淳全国専修学校連合会会長：「一九八〇年代の人材養成を考えるうえで」
小寺勇同盟局長・淵上保美総評局長：「生涯教育訓練体制の具体化」
斉藤進六：「学歴のもつ意味」
高梨昌：「学校教育と職業訓練制度の現状と問題点」

道正邦彦中央職業能力開発協会理事長：「働きがい、生きがいのある職業生涯をめざして」
牧野昇：「職業生涯と能力開発」

特に小寺・淵上の「生涯教育訓練」の言葉は当時では早いものであった。しかし、「職業訓練法」の理念と当時のヨーロッパでの労働運動における論議からすれば独自の論ではなかった。

懇談会は右のメモを中心に論議を行い、①人口の高齢化と社会的、経済的環境の大幅な変化に対応した基本的考え方の転換、②中高年者の生きがい、働きがいを確保するための能力開発と活力維持の方策、③女性の職場への進出増加に対応した能力活用のための方途、④見直されるべき青少年に対する教育訓練、⑤職業生涯の変化に即応した職業能力の開発、向上と職業能力評価体制の整備を提言した。このような提言に対して、各新聞も次のような社説・論評を加え、基本的には懇談会の報告を支持していた。

「〝やり直し〟きく職業制度を」：『日本経済新聞』
「〝やり直し人生〟へ環境づくり」：『サンケイ新聞』
「転職可能な環境作れ」：『毎日新聞』
「在職中高年に焦点」：『読売新聞』（以上七月四日）
「複線人生のすすめ」：『朝日新聞』（七月一〇日）

右のようなマスコミの反応から見ても、右の懇談会の提言がその後の生涯学習の体制整備に大きな影響を及ぼしたことが窺える。懇談会の報告により、学校教育一辺倒から、社会的には生涯職業能力開発を重視すべきという気運が盛り上がったことが推測される。特に働く人々の職業能力開発の問題は喫緊の課題であったが、私的懇談会の報告では実効性がない。その問題を具体化しようとしたのが第三節で紹介する臨時教育審議会だった。

二、海外の“Lifelong Education”論

欧米で“Lifelong Education”が注目される発端は、一九七〇年代の技術革新の波であった。この問題にいち早く警鐘を鳴らしたのが、一九六五年に開催されたユネスコ成人教育推進委員会に教育課長のポール・ラングランが提出した“Lifelong Education”のペーパであった。

右の会議を受けてまず、“Recurrent Education”が一九六八年にスウェーデンによって提唱された。つまり、学校を終えた者が学校に戻って学習を行う、という構想であった。

二年後にＯＥＣＤ（経済協力開発機構）がとりあげ、その重要性に注目が集まった。それは、経済発展にとって労働者の学習問題が如何に重要かを示していたからである。

併行してＩＬＯも労働者の「有給教育休暇制度に関する条約」と勧告を一九七四（昭和四九）年に制定した。わが国は未批准であるが、「失業保険法」を「雇用保険法」に変更する議論の最中であり、「雇用保険法」の「能力開発事業」に「有給教育訓練休暇を与える事業主に対して、必要な助成及び援助を

行うこと」と規定した（一九七四〔昭和四九〕年）。しかし、わが国の場合は、右の条文にもあるように、労働者に対して実施した事業主を支援する制度であり、ＩＬＯの意図とはずれた制度となった。しかも、雇用保険の被保険者のみが対象であるという問題となった。

イギリスでは、一九七二年に設置されたマンパワーサービス委員会が成人を対象とした教育訓練のプログラムとして“Continueing Education”という言葉を打ち出した。それまでイギリスで使われていた“Further Education”は、主に学校を終えた若者に行う意味であり、これを全ての大人に広げて考えるようになった。

フランスでは、フランス総同盟の「継続教育の枠組みにおける成人教育」という提言が一九七二年に打ち出された。この提案は宮原誠一編著『生涯学習』に紹介された。

ドイツで「生涯学習」といえば序論の「ドイツの人材育成システム」で紹介した「継続教育」である。その中核は在職者の向上訓練であり、マイスターの資格取得を目指した学習コースなどが入っている。このような制度があったため、特に新たな施策は認められない。ただ、「継続教育」をわが国の研究者は「生涯学習」として紹介するので、実態の異なるわが国の市民には分からない解説となっている。

アメリカでは「生涯教育」の言葉は使われず第四章で紹介したように“Adult Education”に代表されていた。そのような中で、教育長官のマーランドは一九七一年に“Career Education”を提唱した。これは、それまでの成人教育だけではなく、学校における授業を含めて再編しようとの構想であった。それは学校と地域の職業問題とを連携し、総合的に構想したが、詳しくは第六節に紹介したい。

わが国でも、ユネスコの委員会に出席した波多野完治が帰国後に議論を『生涯教育入門』（全日本社会教育連合会、一九七一年）に報告したが、「社会教育」の範疇では関心はうすく、「勤労の場所における教育」が教育界で棚上げされているため、本来の労働者のための学習論としては広まらなかった。

以上のように、成人＝労働者の学習問題としてeducationが使われていたのである。つまり、それは政府の責任・義務として取り組まねばならない、としていた。

これらの構想をまとめるように勧告したのがユネスコが一九七六年に採択した「成人教育の発展に関する勧告」"Recommendation on the Development of Adult Education"であり、次のように規定された。

成人の教育へのアクセスは、生涯教育との関連で教育への権利の基本的な側面であり、…／成人教育の発展は、生涯教育との関連で青年と成人との間および異なる社会集団の間で教育資源のいっそう合理的かつ衡平な配分を実現する爲の手段として、…成人教育は、生涯教育の不可分の一部として、経済的および文化的発展、社会的進歩、世界平和ならびに教育制度の発展に決定的に貢献しうることを確信し…この勧告を採択する。

このように欧米の"Lifelong Education"の根底には成人＝労働者のeducationの課題が流れている。それは職業・労働に関するeducationであった。その背景は"Lifelong Education"の初期には"Lifelong Integrated Education"のように"Integrated"として考える観念があった。"Integrated"とは統合であり、あらゆる人々を統合して考えるという思想であった。そこには区別や差別の無いeducationを目指すことを目的としたからである。

三、educationを「学習」とした自己責任論

臨時教育審議会の設置と中央教育審議会の休止

ラングランの提唱から始まった生涯教育論は、わが国の産業界からも関心が持たれるようになる。それは技術革新の進展に伴い、労働者の能力の向上は経営の重要な要素だからである。特に、わが国は戦後の経済成長期に確立した普通教育を受けた素人を採用し、企業が教育訓練を施し、必要な人材に養成する、という日本的雇用制度が定着していたために重要な課題であった。日本的雇用制度の体系から、国際競争力に対抗できる人材の確保を図ることが産業界の眼目であった。

中央教育審議会も一九八一（昭和五六）年に「生涯教育」の答申を出していたが、その組織の性格から学校制度に限られ、先のユネスコの勧告のように労働者を含めた真の「生涯」を考える対策にはなっていなかった。一方、先の労働大臣の諮問機関は私的であったため、その提言を政策として施策することは簡単ではなかった。

このような問題を打開するために、一九八四（昭和五九）年に総理大臣の下に設置されたのが臨時教育審議会であった。そして、文教行政のみしか考えない中央教育審議会の休止が指示された。つまり、臨教審は文教行政だけでなく、また、労働行政だけでもない二〇世紀をめざす、国際的な課題になってきた“Lifelong Education”に対応するためわが国の〝総合的な教育方針〟のあり方を検討したのである。

臨時教育審議会は一九八六（昭和六一）年四月に「教育改革に関する第二次答申」を出し、教育改革

の基本的方向として「生涯学習の組織化・体系化と学歴社会の弊害の是正」を打ち出した。この第二次答申において「生涯学習」論の基本的政策が提言された。答申では「生涯学習」を用いてその後のわが国の教育のあり方を示したのである。

答申の「生涯学習」の内容は、当然〝ゆりかごから墓場までの学習論〟であった。ここで注目すべき第一点は、国際的には“Lifelong Education”が問題であったのをどういう論理で「生涯学習」に読み替えたのか、さらに第二点は、わが国で永らく教育や学習の政策的対象から排除されてきた職業能力開発問題をどのように「生涯学習」に位置付けたかである。

「生涯学習」用語の背景

これまでも議論してきたが、教育と学習では行うものの立場が異なり、educationを「教育」としているわが国は、世界的な関心事である“Lifelong Education”に関連して「生涯教育」と答申すべきであった。ところが、「生涯学習」と読み替えたのである。この意訳には臨時教育審議会の隠された意図があった。考えるまでもなく、「教育する」責任は政府であり、「学習する」責任は国民一人ひとりである。欧米で提案されていた“Lifelong Education”（成人・労働者の学習）を「生涯学習」としたのは、明らかに責任の転嫁であることが分かる。

「学習」という言葉の問題はここにある。つまり、両者の主体の違いである。また、先のユネスコの勧告では、原則の（a）にて、「教育上最も恵まれていない集団が、集団的な発達の展望の中で最優先権が与えられるべきである」としているように、従来の教育に恵まれなかった人々がその対象者である。従来の教育では恵まれない集団とは、早く学校を終えた人々、つまり働いている人々の教育の問題であった。

しかし、educationは「教育」ではない。educationは「職業能力開発」であると考えれば理解できる。ユネスコの「成人教育の発展に関する勧告」の「教育」の意味をこの様に理解すると、先に紹介したその前文や定義の意味が良く理解できる。

では、わが国ではeducationは「教育」としてきた慣習をねじ曲げてまで臨時教育審議会はどのような理由で第二の意訳としてeducationを「学習」としたのであろうか。

国際化に対応するための職業の「学習」論

山崎昌甫が解明したように、それは二一世紀を目指した国際戦略としての人材養成に対する日本産業界の危惧を代弁していた（「職業教育訓練の課題」、『人材活用と企業内教育』日本経済評論社、二〇〇〇年）。それは、一九七二（昭和四七）年に当時の経済団体連合会、日本経営者団体連盟、経済同友会、及び日本商工会議所の財界四団体により運営されていた日本経済調査協議会（日経調）が「新しい産業社会における人間形成」において「基本的認識」として次のように述べていたことに表れている。

…もとよりこれ（「海外において活動する広い国際的視野をもった人の養成のみにとどまらず、国民ひとりひとりが日本特有の文化に根ざしながら、海外の異なる民族・異なる文化への理解を深めること」を意味している。）を学校教育のみに求めることは不可能であって、国民ひとりひとりが自己の才能を伸ばし、特長を発揮して連帯意識をもち、世界に拡大される広範な領域で社会的活動に参画できるように、「自己啓発のための生涯学習」を強調すべきである。

　このような視点に立って、従来の教育のあり方を根本的に刷新すべきであり、生涯学習のための望ましい環境条件の整備を急ぐ必要がある。このためには国も地方公共団体も企業も個人もその対価を支払う用意がなければならない。…


日経調は、右のような前提に立ち、「1．家庭、学校、社会教育の役割分担」や、「2．画一的教育の打破と国際化への対応」、「4．企業における人間形成の尊重と学歴偏重の打破」、「5．国の内外における公正な産学協同の推進」等を提言した。提言された当時から、当然国際的に問題になっていた労働者のための教育訓練を前提にしていたと推測される。ここに臨時教育審議会の「生涯学習」論の構想が出ていたことが分かる。

日経調の提言を受け、以降、産業界からの「生涯学習」論の整備論が強まる。例えば、一九七三（昭和四八）年にはOECD教育研究センターから『リカレント教育――生涯学習の戦略』（教育調査第88集）が公刊された。この報告は、学校での学習期と労働期を循環させようとする構想であり、労働による人間育成を重視する教育論であった。この構想がわが国政府にも影響をもたらしたのは当然であった。

　わが国は日本的雇用慣行を築き上げてきたが、二〇世紀の国際競争力を考えるとその企業内教育訓練という負担に限界が見えてきたのである。技術革新が進むとますます企業内訓練は重要になるが、新規学校卒業者を採用するという日本的雇用慣行ではその経費は増すばかりになる。この問題から企業は開放される必要がある。つまり、優秀な専門家を即戦力で採用したいとする構想になってくる。つまり、①長期蓄積能力活用型グループ、②高度専門能力活用型グループ、③雇用柔軟型グループの三種に人材を区別する日経連が一九九五年（平成七）年に出した「新時代の日本的経営」であった。

職業教育を忌避して普通教育に依存していた国民は、就社であったことを就職という言葉で誤魔化され普通教育を信奉してきたが、即戦力の要望という企業の方針転換により、ミスマッチという言葉で子弟のシュウカツは困難を極め、やがて非正規労働者の路線に立たされることになった。

つまり、企業内教育訓練は一部の幹部候補生を除いて削減され、企業の求める人材となるためには、事前に学習を十分に備えておくように、という自己責任論の考えが潜む「生涯学習」論に転換したのである。このような論は、アメリカ等で始まった「新自由主義」観の日本版だったとも言える。

それでも、学習が働く人材となるための権利という意識は日本では育たない。逆に、「生涯学習」によって格差が生じる要因となっている。すなわち、生涯学習は産業界の期待する自己責任論の主柱になったのである。「学制序文」が学ばねばホームレスになると暗示した「学制」による〝義務学問〟の構想と類似しているといえる。

四、職業能力開発を含めた「生涯学習」論

とは言え、臨時教育審議会の「生涯学習」論の答申は、一方では世界的な方針を包含していたのであった。臨教審答申の「生涯学習」論の第二の特長として、就業者のための職業能力開発と一般成人

のための職業能力開発が明確に位置付いていたのである。一般成人のための構想は「生涯学習体系への移行」の「生涯にわたる学習機会の整備」の冒頭に「ア　生涯学習の原点として、家庭の教育力の回復に努める。また、青少年の教育の場としての地域の役割を重視するとともに、高齢化、成熟化などの社会の変化に対応して、職業能力開発の充実、婦人や高齢者のための学習機会の整備に留意する」としている。

その位置づけを「生涯学習のための家庭・学校・社会の連携」では「エ　社会教育行政については、生涯学習体系への移行という観点から、新しい時代の状況に対応するよう、社会教育に関連する法令を含め総合的に見直す。／また、大学等の学校教育との効果的な連携を図りつつ、職業能力開発を総合的に推進する」として、「生涯職業能力開発の総合的推進」では次のようにしていた。

生涯学習社会を建設するため、四〇有余年と長期化した職業生涯を通じた職業能力開発を総合的に推進する。

ア　企業における職業能力開発は、仕事を通じての教育訓練だけではなく、仕事を一時的に離れて行う教育訓練が勤労者の職業生活の各段階に応じて段階的かつ体系的に行われるように振興する。

イ　大学、大学院等を社会人が学習する場として整備するとともに、民間の職業訓練施設等を生涯職業能力開発のための施設として育成する。また、これらを有効に活用できるネットワークなどの仕組みの整備についても検討する。

ウ　公共職業訓練施設については、企業内の教育訓練や専修学校等と連携しつつ、とくに、企業において対応が困難な地域の勤労者の生涯職業能力開発を総合的に推進するよう体制整備を図る。

エ　これらの施策が有効に活用されるよう労働時間の短縮、有給教育訓練休暇制度の普及を図りながら、勤労者の自己啓発を推進する。

オ　社内検定制度の普及、技能検定制度その他各種職業資格制度の改善を進め、職業能力評価制度の整備充実を図る。

右のアの「仕事を一時的に離れて行う教育訓練」とは、ＩＬＯの条約・勧告で先導された「有給教育休暇」制度による労働者への教育訓練休暇の意味を含んでいる。

職業能力開発に関する構想は、併行して「職業訓練法」を改正して制定された一九八五（昭和六〇）年の「職業能力開発促進法」の構造とほぼ同一な内容であった。

もちろん、「職業訓練は教育ではない」としていた教育界からは大きな批判が起きた。しかし、"Lifelong Education"が労働者の学習支援を意図して始まった議論であることを考えれば職業能力開発を包含した「生涯学習」論は世界基準であった。

なお、ウの「地域の勤労者の生涯職業能力開発」についての対策はその後も十分ではない。

「生涯学習」論の変遷

臨時教育審議会は一九八七（昭和六二）年までに四次の答申を出し、生涯学習社会の構築についての提言をまとめ、役目を終えた。同時に、各省庁において臨教審の答申の具体策を練ることになった。中央教育審議会も再開され、審議を始めた。

文部省は臨教審の答申を受けて、「生涯学習の新興のための施策の推進体制等の整備に関する法律」（生涯学習振興法）を一九九〇（平成二）年に制定したが、文部省主導の法律であったため、そこでは核心の労働者のための職業能力開発は「別に講じられる施策」とされた。このような捉え方は欧米との大きな隔たりであり、臨教審答申との根本的な差異であった。文部省管轄下の法令であれば、自然な成り行きであるが、二〇世紀の人材育成策は〝元の木阿弥〟になったのである。イギリスが学歴資格と職業資格とを統合する政策のために省庁再編を行なったこととは異なるわが国の「教育」観に基づく予想された結果であった。

なお、近年は国際的な組織からも“Lifelong Learning”が提起されているが、序論で紹介したように欧米でのeducationと“learning”の関係はわが国の「教育」と「学習」のように対立概念として用いられていないためではないかと思われる。

五、子供は教育、大人は学習という自家撞着

臨教審による答申の後、わが国では「生涯学習」論が盛んになった。タイトルに「生涯学習」を用いて出版された著書は宮原誠一の『生涯学習』（一九七四年）を除けば臨教審の答申以降である。教育界は臨教審の答申には猛反対であったが、その後に発行された「生涯学習」の著作において臨教審答申

の生涯学習論の定義を否定して明確に論じられているものを寡聞にして知らない。教育界にも言葉への混乱が認められる。

ところで、わが国では「子どもを教育する」という言葉に違和感はないが、「大人を教育する」には違和感があるようだ。つまり、「生涯教育」は生涯にわたる人の教育であるから、そこには大人が含まれ、「大人を教育する」ことに違和感が生じるようだ。したがって、内実は同じだが「生涯学習」という異なる用語が開発されたのである。この意味ではわが国の「成人教育」にも疑問が生じてもよいと思うが、教育界ではまかり通っているからとても不思議な用語である。

山住正巳の「生涯学習」論

この矛盾を理解する解説を山住正巳が『日本教育小史』(岩波新書、一九八七年)に記している。山住は「生涯教育」では、「政府による生涯学習が生涯にわたって人々を管理する恐れがあると見て、自主的な生涯学習の意義が強調され」ていると述べている。

山住の論は「生涯教育」の言葉について、教育が「生涯」にわたるから問題になる、という主張である。つまり、大人に教育することへの疑問なのであろう。

しかし、その前に生涯にわたらずとも「教育」の言葉が「人々を管理するおそれがある」ことをなぜ問題にしないのだろうか。「生涯教育」だから問題なのではなく、「教育」の言葉自身に問題があるということが認識されていないことこそが問題だといえよう。山住の論は四節に述べた「学習」論の問題を看過しているばかりでなく、「子どもは教育」でよい、とするわが国独特の誤解を是認していると言える。

さらに、山住の論では、大人の「生涯学習」は問題がないと受け取れるが、それでは問題を先送りするだけで、子供たちは学校で教育によって管理されても良い、ということを認めてしまっている。そこには、やはり「教育を受ける権利」を当然視する立場が根底にある。そして、ここには「教育を受ける権利」は子どもだけの権利である、との偏った論理も隠れている。「はじめに」に記した「教育権」論と同じ視座である。さらに、大人は自己責任で学習しろ、という論を認めている。

しかしながら、educationは「能力開発」と考えれば「生涯能力開発」となり、子どもは「教育」、大人は「学習」と区別して考える必要も無かったはずである。

義務教育段階で生涯学習は崩壊している

第三章に紹介したように、義務教育段階での不登校者の数は驚くばかりである。

特に中学校になっての不登校が拡大するのは、学校運営方式の変化になじまない子ども達が多いのかも知れない。このことに関連して二〇一六（平成二八）年度から小中一貫教育を実施する「義務教育学校」の創設が図られている。これは、中学校入学時に増大する不登校生徒数の減少にはメリットがあるかも知れない。

いずれにしても、学校に行くことが楽しければ不登校にはならないはずである。押しつけられる教育ではなく、各自が興味・関心を持ち、自らが望む学習が可能であれば楽しいはずである。その改革のためには教員体制の改善も必要である。

このように、義務教育段階の不登校者がいるにもかかわらず、わが国の義務教育就学率は例年九九・九％以上となっているが、この文部科学省の報告は第二章で紹介したように、明治時代の新潟県の就学率の誤魔化しのように、事実の整理とは言えないであろう。不登校児の増大は、わが国の「生涯学習」社会が義務教育段階において既に破綻していると言えるからである。

次項で述べるキャリア教育は「生涯学習の視点に立ち、キャリア形成支援を充実」するとしているが、右のように生涯学習は義務教育段階で崩壊しているのであれば、この問題の解消は極めて喫緊な課題であろう。高校の中退者問題と合わせ、学校制度からはじかれた若者は当然社会で苦難の生活が始まる。「生涯学習」として文部科学省は膨大な予算を使用しているが、イベントに支払うよりも、先ずは不登校児をなくすため、また、六万人に近い高校中退者をなくすための努力が生涯学習局の役割ではないのだろうか。そうでなければ、「子どもの権利宣言」の「初等教育を義務的なもの」とすることさえも守られていない、と非難されてもやむを得ない。

ちなみに、不登校児が高校入学の書類を担任教師が作成してくれない、と言うことがあるが、このことは現憲法にも反することである。このようなことが存在するということは、不登校は本人の責任のような理解の下、本人も家庭も沈黙しているためと思われる。彼等は、職業訓練校に入ってくる例が少なくない。中には、訓練校で皆勤賞をとって修了する者もいる。皆自信を持って社会で働いている。ここには今日の学校問題と職業を通じての人間育成の重要性が現れている。

六、「キャリア教育」は“Career Education”ではない

本章の冒頭で紹介したように、わが国でも「キャリア教育」が一九九九（平成九）年の「第二次平成不況」以降に唱えられた。しかし、「キャリア教育」は“Career Education”ではない。これは、educationは「教育」ではないからとして、わが国で提唱されている「キャリア教育」を“Career Education”と訳すことはできないというだけではない。わが国の「キャリア教育」は先に紹介したアメリカの教育長官が提唱した“Career Education”の構想とも内容ともほど遠いからである。

「キャリア」とは何か？

『広辞苑』（第6版）から「キャリア」を引いてみよう。

キャリアー【career】①（職業・生涯の）経歴。②専門的技能を要する職業についていること。③国家公務員試験Ⅰ種（上級甲）合格者で、本庁に採用されている者の俗称。

右の「キャリア」の定義に「教育」を付けられるのは①のみである。それも違和感のある職業の「経歴教育」となる。経歴とはその人の歩んできた過去の経歴であり、それは事前にできる筈はなく、文部科学省が進めている「キャリア教育」の意味とは異なるのだろう。

カタカナ語は日本語に適切な言葉が無い場合に使われる事が多いが、しかし、意図的に説明を誤魔化すために使用する場合もある。極論すると言葉遊びである。そのような言葉遊びで今日の教育問題が改革できるとは思えない。

マーランドの“Career Education”

“Career Education”は七〇年代の“Lifelong Education”が先進国で議論された中で、一九七一年にアメリカ教育局長官マーランドが提言した、学校後の大人を含めた生涯教育論の意味であった。

進路指導の研究者である仙崎武は、education は「教育」とは異なった概念であることを察知していたのであろう、そのタイトルを「キャリア・エデュケーション」と片仮名で紹介している。「キャリア・エデュケーション」について、従来の職業教育を単に言い換えただけであるとか、職業教育を中核とする根本的革新とする、賛否両論の意見があったという（「キャリアエデュケーション・その後」、『進路指導』、一九七五年四月～一九七六年四月）。

仙崎はアメリカの「キャリア・エデュケーション」は、第一に、知的な学習と職業的学習との統合が目指されて、そのため、全ての教科の再編が求められ、各教科の「キャリア・エデュケーション」の位置づけの明確化が求められる。第二に、学校教育と地域との統合が目指されている。そして第三に、職業的技能訓練までもカリキュラムに含まれることを紹介している。

わが国の「キャリア教育」

「キャリア教育」について、中央教育審議会は「今後の学校におけるキャリア教育・職業教育の在り方について」において次のように定義している（平成二三年五月一七日）。

「一人一人の社会的・職業的自立に向け、必要な基礎となる能力や態度を育てることを通して、キャリア発達を促す教育」

「教育」を明確に定義していないのに、「キャリア教育」を定義しても混乱するだけである。さらに、「キャリア発達」という意味不明な言葉を使っていったい何をしようとしているのか、無駄な言葉遊びの典型だといえる。「キャリア教育とは…キャリア発達を促す教育」とは何を説明しているのだろうか。特に右の定義は「教育基本法」の「教育の目標」の定義を言い換えたように思える。このような考えで、これからの若者を健全に育成できるとは思えない。いや、教育する（教化・洗脳する）のであれば可能なのかも知れないが、キャリアは知識だけでは不可能であり、体験・経験の伴わないキャリア教育はあり得ないのではなかろうか。

わが国の「キャリア教育」と“Career Education”とは異なる意味を持っていることが分かる。日本の「キャリア教育」を英語で“Career Education”とは言えないことは明かである。翻ってわが国の近年の「キャリア教育」を見ると、マーランドが提起した三つの課題は不問のまま、第二の課題をガイダンスと称して講演会を開いて職業への知識を備えさせようとしているぐらいではないだろうか。

目下進行中なので断定できないが、「キャリア教育」は新語を創ることにより、従来と同じことをやっていても新しいことをやっているかのように繕う行政によるパフォーマンスだと言える。国際的水準と異なり“Career Education”と訳すことができない「キャリア教育」をどのように紹介するのであろうか。わが国の教育はますます、日本国内にしか通用しない、「ガラケー」ならぬ〝ガラパゴス的キャリア教育〟になると言えよう。

「キャリア教育」は教育を混乱させる！

“Career Education”でもなく、当然ながら職業教育とは異なる「キャリア教育」は日本の教育界に何をもたらすかと言えば、混乱の他はないだろう。それは、中央教育審議会キャリア教育・職業教育特別部会が「今後の学校におけるキャリア教育・職業教育の在り方について（第二次審議経過報告）」（平成二二年五月一七日）において、「一人一人の社会的・職業的自立に向け、必要な基盤となる能力や態度を育てることを通して、キャリア発達を促す教育」としたキャリア教育と、職業教育とを同列に位置づけていることに表れている。

先にも記したが、キャリア教育の定義に「キャリア発達」という意味不明な用語を用いて説明しようとして、ますます混乱の度を深めている。「キャリア教育」の定義をよしとした場合、それでは本来の「教育」とは何なのか、という疑問が出てくるのは筆者のみであろうか。

次に、二〇一〇（平成二二）年一一月二九日の中央教育審議会のキャリア教育・職業教育の答申は「学校教育全体を通してキャリア教育を実践している例」としていくつか事例を紹介しているが、学校教育とキャリア教育の関係が明らかでない。このことはキャリア教育と受験指導さえ明確な区別無く解説されることになる。文部科学省教科調査官藤田晃之のネットでの解説（「今後の学校におけるキャリア教育の在り方――PART2各論（③高等学校編）――」。（平成二三年一二月一五日、二〇一七年六月一一日確認）には次のような項目もある。

受験のための指導もキャリア教育たり得る

●受験指導や受験勉強も、キャリア教育の一環として位置づけることは十分可能

・例えば、「課題対応能力」（課題発見、計画立案、実行力）や、「自己管理能力」（忍耐力、ストレスマネジメント）

ここに至って、受験指導もキャリア教育であるとしている。詳細に解説したはずの論理が、逆に支離滅裂になっている。この矛盾は、スタートのキャリア教育の位置付けに混乱があるから生じるのである。このような理解であれば「キャリア教育」はそれぞれの立場で極めて多義的に解釈され、実践も多種多様になり、「教育」の本質から乖離してしまう。そのような論理で今後の教育の改革が定まるとは思えない。

そして、二〇一一（平成二三）年一月三一日に中央教育審議会は、疑問であった「キャリア発達」にではなく、「キャリア発達」の「キャリア」を「人が、生涯の中で様々な役割を果たす過程で、自らの役割の価値や自分と役割との関係を見いだしていく連なりや積み重ね」と定義している。この定義の

「積み重ね」とは、「学習」による成果の意味ではなかったのだろうか。国語辞典の定義とも異なる、「キャリア」の定義はまさに「再定義」であり、為政者のやる無意味な常套手段であるが、これを国民は納得しろ、と言うのだろうか。

このような定義を前提とすれば、「キャリア教育」と「教育」、さらに「学習」との関係が混乱するのは必然である。「キャリア教育・職業教育の改善・充実」を言うのなら、先ず教育が普通教育一辺倒に傾斜している問題こそきちんと整理すべきであろう。基本的問題の整理の無いキャリア教育・職業教育の推進は、学校での教育実践を戸惑わせるだけである。

以上のように、「教育」の言葉に問題があるにもかかわらず「キャリア教育」という新たな〃ふろしき〃でカバーしても、それは現在の問題を糊塗するだけである。英語で理解される意味とは異なる日本語を用いて、わが国のキャリア教育を国際的に説明することは不可能である。「キャリア教育」のような造語による対策ではなく、“education”の概念に近い「学習支援」の立場から人の発達を再考すべきであろう。

第六章 職業を分離した学問観

――人間的成長を体系化できない職業教育振興策

今日、職業教育の振興が叫ばれているが、それは職業教育を受ける人たちの発達を願って行う施策とは思えない。それは、経済成長のための人材養成としての職業教育論となっている。わが国では労働または職業による人間育成論が軽視され、発達しない要因について本章では明らかにしたい。

「若者たちが、地球全体を対象とする広い舞台の上での働き場所を選択し、探求するように励ますことが、〝労働のための教育〟の差し迫った課題である」

（大田堯、一九八五年）

一、労働による人間育成論

エンゲルスが「猿が人間になるにつれての労働の役割」に述べたように、労働がヒトの智能発達にもたらした意義を否定できない。そのような考え方を「労働陶冶論」（または「職業陶冶論」）という。「労働陶冶論」は当然ながら職業教育を重視する論である。このような論はヨーロッパ諸国のみではなく、わが国でも論じられてきた。既に述べたように、徒弟制度が労働陶冶の実証例であるが、より論理的に述べた労働陶冶論の代表例を最初に概略的に見てみよう。

欧米の「労働陶冶論」

まず、ルソーの徒弟養成論がある。ルソー（*Rousseau*, 一七一二～一七七八年）は『エミール』で、「わたしはどうしてもエミールになにか職業を学ばせることにしたい」。その具体的対策としては「かれを親方に仕立てあげるために、いたるところで徒弟になるがいい」とした。その目的を、「私たちは職人修業をしているのではなく、人間修業をしているのだ」、「かれは農夫のように働き、哲学者のように考えなければならない」としている。

そして、ペスタロッチ（*Pestalozzi*, 一七四六～一八二七年）の職業教育の実践がある。ペスタロッチは貧困に苦しむ貧民を自立させるために職業教育を重視した指導をスイスで展開した。これはルソーの思想の具体化ともいえる。「隣人愛と幼きものへの愛から職業教育を授けようとした」のであり、「生活費を稼ぎ出せるような職業的手仕事を教えたり、……生活の向上を図ることが出来るように助力した」。スイスの時計職人等の養成が今日でもデュアルシステムによってなされていることはペスタロッチの職業教育精神が根づいているからだと言える。

このような「労働陶冶論」は、ケルシェンシュタイナーの作業学校論や、ブロンスキーの労働学校論に発展してきたといえる。

ルソーの理想とペスタロッチの実践を近代に展開したのがフレネ（*C. Freinet*, 一八九六〜一九六六年）である。フレネは序論に紹介したように「手仕事を学校へ」のスローガンにより、学校で様々な仕事の知識やスキルを学習する重要性を実践した。子ども達の言葉で作文を書かせ、発表させるというわが国の〝つづり方教育〟にも通じる実践を展開した。

さらに印刷機で作文を印刷させ、印刷に関連する様々な労働をも体験させる。「仕事の教育とは手仕事による俗流教育以上のもの、年少者の前職業的訓練以上のものである。それは伝統を基礎にしているが、現代の科学、技術に浴し、仕事が中心となる教養への出発点である」、「仕事には全てがある。壁を作る人間の頭脳にも、実験室で研究する学者の頭の中にあるのと同じだけの良識、知性、有益な哲学的思考がありうるだろう」。こうして教育に労働を結びつけるという実践が展開された。

以上のような労働陶冶論は今日にも繋がっていることが分かる。

二〇〇七年三月末に、オーストリアのデュアルシステムを見学した。最大手のジーメンスでは障がい者、移民の子弟をも訓練生として契約し、採用予定人数よりも多くの訓練生契約を結んでいた。採用予定人数よりも多くの訓練生契約を結んでいる余剰の訓練修了生が心配だが、訓練生は訓練を受けた企業に束縛されることはなく、ジーメンスで訓練を受けたということの社会的評価が高く、どこへも就職できるという。これらは〝企業の社会的貢献だ〟との簡単な説明であった。このようなことも企業における労働陶冶の現れだといえよう（「オーストリアのデュアルシステムに関する一考察」、『職業能力開発総合大学校紀要』、二〇〇八年三月）。

吉田松陰の学校「作場」論

わが国に目を向けると、近代の学校のあり方について吉田松陰は二つの論を提起している。一つは、文武を兼ねた「大学校」の設立であり、銃兵訓練所、製本所、鋳銃所、工作所の附設を考えていた（荒川紘「教育者・吉田松陰と儒教精神」、静岡大学『人文論集』、二〇〇二年）。

そして、人材育成のための「学校を論ず　附、作場」（安政五（一八五八）年）で次のように述べている。

人材を聚めて國勢を撮ふは今日の要務たり。…一に曰く學校を奮はす、二に曰く作場を起す。…學問行義の、人の師表たるべき者、志気材能の學びて造るべき者、其の他兵農暦算、天文地理、諸種の学芸の自ら長とする所を挾ける者を募り、貴賤に拘らず、淺深を問はず、皆學生に充つるを得しむ。學生は科を分ち、各〻其の學ぶ所を學び、縛するに縄墨を以てせず。…故に余謂へらく、作場を起し之れを學校に連接するに若かずと。船匠・銅工・製薬・治革の工、凡そ寸技尺能ある者、要は皆宜しく治事斎に屬すべし。今これを作場に湊聚し、衆知を合せ巧思を廣くし、船艦器械を講究せば、必ず成る所あらん。…今世、學生は固より已に空疎にして、事務を解せず、工匠は愚朴にして、要需を知らず。二者分れて鴻溝を為す。忽ち余の學校作場の説を聞かば、必ず愕きて以て異と為さん。然れども吾れ固より謂へらく、材能を募りて學生に充つれば、學生向の空疎の徒に非ず、且つ作場は必ずしも大いに其の中に作ることあるに非ず。工作には學あり、「吾が師象山曰く、學必ず事あり、徒らに空文を誦し空理を弄ぶのみに非ず。書を學び劍を學ぶが如き、以て見るべし。…所謂工作の學も亦是の物なり」之れを學生に連ぬれば、是れ両便と為すのみ。…人材已に聚まらば、之れを學校・作場に置く。然る後其の實材實能を科り、宜しきに随つて之れを敍用せば、諌官あり、治臣あり、軍防備あり、民政學る、一器一藝、具さに其の妙を得ん。是くの如くにして國勢の振るはざるもの、未だ之れあらざるなり。

右の論はわが国で初めて記された近代的な学校制度による職人の養成論と言える。松陰の「学校論」はわが国の工業教育のモデルとなったとする論があるが、工業教育の限定はなく、日本の近代化のためには全ての学校に作場（作業場・実習場）を附設して、あらゆる仕事についての基本的な能力形成をすべきである、と提起した最初の職業教育論だと言える。

松陰は身分に関係なく松下村塾に希望者を迎い入れたが、右の「学校」論も同様に「貴賤によらず、深浅を問わず、皆学生に充つるを得しむ」として全ての子どもに職業教育を施すべき、との論であった。

近代になっての論としては福沢諭吉の実学主義や、新渡戸稲造の庶民職業教育論も上げられる。

下中弥三郎の『萬人労働の教育』論

陶工出身の下中弥三郎は刻苦勉励して様々な教師を歴任した。下中の思想は働く庶民の地位の向上であり、そのためには知識が必要として平凡社を一九一四（大正三）年に設立し、出版事業を始め、教育の民主的運営に心を尽くした。

やがて、一九二三（大正一二）年に『萬人労働の教育』を出版したが、「理想」は「満一八歳位までを普通教育とし、半労半学の精神によって、すべての人間が教育されねばならぬ」、「日本の教育は最近まで、否今日もさうだが、ためにする教育だった。…ためにする教育は真の教育ではない。教育ではなくて宣伝である」とした。そこで労働教育の重要性を次のように訴え、当時紹介されていたケルシエンシュタイナー等の「勤労学校」についても批判している。

> 方法上に於て、私はこれ等の主張を取入れることに寧ろ賛意を表する。「実行が知識を生む」といふのが私の永い以前からの信条なのである。ただ私は、労働を以て教育上の手段とのみ考ふることに対して決定的な反対を叫ぶものなのである。彼等は、人間教育への手段として労働を考へる。私は労働する人間を作ることが教育だと考える。彼等は労働による教育を主張する。私は労働者の教育を主張する。それに実に大きな差である。

ただ、「労働する人間を作ることが教育だ」というのは、今日でそのまま考えれば、それこそロボットの教育だと言われそうだが、戦前の「教育勅語」に基づく教育ではなく、労働が知識になる、との理解であった。それは次の言葉により明確となる。

萬人労働の教育の究極の理想は、子供や大人を賃労働に縛りつけることから完全に開放し、萬人が萬人生産労働に従事することによって、一切の生活物資を空気の如く水の如く太陽の光線の如く豊かならしめ、その豊富なる生活物資を前件としてすべての人類が人類としてのあらゆる生き甲斐ある生活を生活するにある。

ただ、下中も「教育」の概念についてまでは疑問を持っていなかったため、「教育」を使っているが、政府の行う教育とは異なった「教育」であったことは読み取れるであろう。

とは言え、軍国主義が強くなる下では、下中の労働教育論も国のための人材養成策に打ち消され、労働が人間形成に有効であるという意識が広まることはなかった。

戦後の労働陶冶論

戦後のわが国に強い影響を与えたアメリカから移入されたデューイ（Dewey, 一八五九～一九五二年）の経験論もこの範疇に入る。つまり、デューイは経験が重要であるとして、学校と社会の関連を密接にすべきとした。学校教育においても社会の職業に関係する手工教育を重視した。デューイの理論が宮原誠一を中心とする「生産主義教育」論に応用されたと言える。ただ、少し後に、ソビエト教育論の影響が強くなると、「這い回る経験主義」とのレッテルを貼られて批判を受けると同時に、学力主義が台頭し、やがてわが国ではデューイの理論は忘れられていく。

ソビエト教育論は、戦後の民主化を進める中でモデルとして注目された。ソビエト教育学は「総合技術教育」をもたらし、技術教育、職業教育の理論として展開された。総合技術教育は、一般教育にも技術教育が必要であるとして、工作や実際的作業の実習を組むことの重要性を強調した。「総合技術教育」は特にわが国の技術教育の理論化に大きな影響を及ぼした。しかし、「総合技術教育」論も、わが国が高度経済成長を続ける下で、進学率の向上に有利な普通教育中心となり忘れられていく。

なお、戦後には一九六〇年に日本産業教育学会も設立され、職業教育の有効性についての幾多の研究成果も出されている。同学会の創立は教育系学会の中では古い方であるが、創立時に比べての学会の発展は今ひとつである。このことはわが国でのこの分野の関心が高くなく、「労働陶冶論」の成果が広まらない一つの結果とも言える。

大田堯の「第三の教育システム」論

学校教育と社会、あるいは労働との接続については、普通に考えれば誰でも出てくる課題である。それは、学校教育のみでは人の育成が終わらない、と考えれば当然な課題であろう。

若者達が「失業状態」におかれていることを前提として、大田堯は一九八五年にスペインで開催された第九回国際教育学会で「労働のための教育――子ども・青年の人間的成長をめざして――」を基調講演している（『大田堯自撰集成２』）。この構想を大田は後に「第三の教育システム」と呼んでいる。それは、労働の様々な施設を利用して、労働を体験させるシステムとした。手技《てわざ》は教科として必要だが、それらの学校での学習の他に、労働を中心としたシステムが重要だという。

その条件として、若者達の選択と自治を原則とすること、労働・作業が中心のシステムであること、学習であるため間違いが許されないこと、の三つを配慮すべきとしている。労働は具体的な人間形成の場として重視すべきとしている（大田堯『子は天からの授かりもの』、太郎次郎社、一九八六年）。

この構想は海外諸国では評価されたようだが、残念ながらわが国ではその後に発展したとは言えない。人間育成は「教育」の専有であり、労働は発達を阻害し精神と肉体を蝕む苦役であるという観念が底流にあり、労働で成長するという観念が無いためであろう。

岡野雅行さんの開発の根源は労働経験

今日でも労働経験による成果は多々ある。一例だけ紹介しよう。

小学校しか出ていない下街工場の代表社員と自称している岡野雅行さんは世界の技術者ができなかった携帯電話用の電池の小型化を成功させた。今日、人々が携帯電話やスマートホンをポケットに入れて出歩くことができるのは岡野さんのおかげである。さらに、やはり世界の患者や子どもから期待されて「痛くない注射針」も開発した。岡野さんは何故に成功したのだろうか。

技術者は先ず既存の理論の学習を行うためにテキストや参考書を学習するだろう。しかし、それで可能なら、どこかの大学出の大手企業の技術者が完成させた筈である。既存の体系化されたテキストに記された技術ではできないのが新しい創造・発明である。

岡野さんはテキストに記された理論よりも多様な経験を持っていた。様々な仕事をしてきた経験である。成功したことも失敗したこともその経験によりテキストに載っていない膨大な知識を持っていたのだ。それらの経験による知識を集大成して新たな手法を創意工夫することにより、電池ケースと痛くない注射針を開発できたのである。理論は経験の集大成であり、その実態は労働から派生するともいえるのである。

小関智宏の『仕事が人をつくる』

労働が人間を育成するということは、誰よりも労働をしている本人が実感する筈である。ただ、労働者は自己表現が苦手であり、自画自賛的な主張を敬遠する傾向がある。

そのような中で、直木賞候補にも上がり、自身を〝旋盤工作家〟と称している小関智弘には数々の作品で労働する人の成長を描いているが、一つの著作に『仕事が人をつくる』(岩波新書、二〇〇一年)がある。この著作は、各界の仕事の成功者がどのようなキャリアで自らの仕事を成功させたのか、というドキュメンタリー集である。

登場する専門家は、タイトルの通り仕事によって自らを高め、仕事を極めた人達である。仕事がそのような成功者を作ったのだ、という紹介である。徒弟制度による職人の成長に限らず、現代の労働にも人間を成長させる要素があることを明らかにしている。

二、自立の勤労から奉仕の勤労へ

職業教育の目的は働く技術者、技能者を育成することであるから、労働に関連する問題を整理しなければならない。それは「日本国憲法」では第二七条において「勤労の権利と義務」となっている。つまり、わが国では労働は勤労として理解されているため、この勤労について考察する必要がある。

第一章でみたように、江戸時代までの勤労観は自立のための勤労としてわが国の庶民に根づいていた。しかし、明治以降の「勤労」は、国への奉仕のように理解されている。「勤労」の概念はどのようにして転換したのであろうか。

森戸辰男の「勤労」への疑問

森戸辰男は一九四六（昭和二一）年七月三〇日の衆議院帝国憲法改正案委員会小委員会において次のように質した。

…主に戰爭中今度は勤勞と云ふことを言ひ出した、日本主義の人は勤勞と云ふのは天皇に奉仕すると云ふ特別の意味があるのであつて、勞働と云ふのは勞資對立を意味するからいかぬと云ふ「イデオロギー」の上から勞働と云ふ言葉を廢止しなければならぬ、斯う云ふ考へで勤勞と大體變へるやうになつたと私共は承知して居りますしかし、森戸の質問への回答は政府側からなく、今日の条文のように憲法は制定された。「勤労」についての疑問が出されたにもかかわらず、戦前の言葉が残ったのである。しかし、このような国家奉仕の勤労観は一足飛びに大戦下で形成されたのでは無い。

明治の廃仏毀釈が勤労観を変えた

庶民の勤労観は江戸時代まではよりよい生活をするための精神として形成されていた。しかし、このような個人思想は明治の国家神道策に踏み消されたのであった。

明治政府は先ず一八六八（明治元）年に「神仏判然令」（神仏分離令）を布告し国家神道の方向を示した。すると、〝ええじゃないか〟踊りの流行にみた付和雷同の精神が暴徒化し、廃仏毀釈運動までに発展した。この運動は、寺は寺請証文を発行する等、江戸幕府権力の末端組織ともなっていたが、権力と結びついた堕落した僧侶への反発が拡大して発展したのであろう。

そして、第二章で紹介した「三条教則」が出されたが、倉知典弘によると様々な宗派から「三条教則」を解釈する深謀遠慮の衍義書《えんぎしょ》（解説書）が出版される（「初期社会教育における『職業観・勤労観』」、『吉備国際大学研究紀要』、二〇一四年三月）。仏教界は生き残るため神仏合同教化体制を提起するのである。

一大宗派である真宗では、大谷派僧侶であった福田覚城の講義筆記である『教部省三箇条記』が出る。これは、大谷派が比較的早い段階で「三条教則」に対応しようとしていたことを示すものとしても重要である。

浄土真宗本願寺派の学僧であった東陽円月も『三条教則思考』で「神恩」に報いることとして愛国の具体的な表れとして勤労を掲げている。また、後に東本願寺の講師職になった楠潜龍は『十七論題略説』で「勤労の義務」については、「主ノ僕ニ於ル之ヲ駆役スルノ権利アレバ、之ガ給棒ヲ与ベキノ義務アリ」と、「労使関係」における義務権利関係として捉えている。

以上の他にも仏教界の各派から衍偽書は多数出ており、これらの仏教界の指導者による「勤労」観の解説が神道下で流布された。国家神道への仏教界の傾斜による勤労観は庶民に浸透するのは明らかであった。このことは江戸時代の勤労観の転換を示していた。蓮如が説いた庶民の自立のための勤労観はその末裔達によって皇国へ奉仕する勤労観となったのである。

やがて二宮尊徳の「報徳思想」は日露戦争下で、勤倹貯蓄・道徳心育成・公共性育成を目指した官製運動として展開された。この運動に文部省も呼応し、報徳社との連動も顕著になる。「三条教則」の思想は学校における修身に強い影響を表すことは明らかである（伊勢弘志「国民統制政策における銅像と社会」、『駿台史學』、二〇一〇年八月）。

ただ、仏教界を擁護すれば、軍国主義下で反戦活動をした和尚もいたが、力は弱く、庶民を纏めるまでにはなり得なかった。その流れは、社会事業として社会的不運者（弱者）支援の活動を行ったが、やがて「社会」の用語も不穏当との指導により「救済事業」として活動が展開された。その中で、今日で言えば雇用対策を意味する職業輔導が展開された。

「勤労」の唱導は文部省から

教部省による「三条教則」の教化方針は特に文部省の教育策に大きな影響を及ぼした。文部省は当初から富国強兵策の立場から「勤労」を使用して様々な指示を出していた。

最初は一八九四（明治二七）年に「尋常中学校実科規程」を公布した時、実科教育上留意すべき事項として、「将来ノ勤労ニ従事スル思想ヲ養成シ又其ノ勤労ヲシテ及フタケ効果多カラシムル為ニ必要ナル知識ヲ得シムルニ在」るためとした。

次に、一九二七（昭和二）年の文部省訓令第二十号の「児童生徒ノ個性尊重及職業指導ニ関スル件」において、「是ノ如クシテ国民精神ヲ啓培スルト共ニ職業ニ関スル理解ヲ得シメ勤労ヲ重ンスル習性ヲ養ヒ始メテ教育ノ本旨ヲ達成スルニ至ルモノトナル」と規定された。右に明らかなように、「勤労を重んじる」職業指導は国民精神の養成と一体となって進められ、教育の目的になった。

さらに、一九三一（昭和六）年の「中学校令施行規則」で「独立自主ノ精神ヲ養ヒ勤労ヲ愛好スルノ習慣ヲ育成」するとした。このことは、普通教育が目標である「普通ノ智能ヲ養」う中学校においても勤労が重視されたのである。このように、単に労働に従事する者の心構えだけでなく、精神主義的な勤労尊重に転化したと言えよう。「勤労奉仕」が教育界から出るのは既に紹介した「教育勅語」の観念と関わっているからである。

このような流れで、勤労を視覚化するため二宮金次郎像が全国の小学校に急激に建立された。これは、満州事変前後の一九三一（昭和六）年以降であり、そこには石像業者と銅像業者による時勢を読んだ営業戦略が功を奏したこともある。江戸時代とは異なる金次郎を利用した勤労観が皇国思想による勤労観の醸成に利用されたのは明らかである。

そして、昭和一九年に年間三分の一までの勤労をさせても良いとする「緊急学徒勤労動員方策要綱」では、「勤労即教育」の方針が出された。つまり勤労は教育だと言う論理を打ち出したのである。二〇一二年（平成二十四）年のNHK朝の連ドラ「梅ちゃん先生」の梅子達が、戦争末期に勤労動員でほとんど学校での教育を受けていなかったにもかかわらず、戦後、通学の延期にならず卒業できたのはこのような施策があったからである。

戦後も勤労観は継続された

昭和二二年制定の「教育基本法」の第一条「教育の目的」に「教育は、…勤労と責任を重んじ、国民の育成を期して行われなければならない」と規定された。平成一八年に改正された「教育基本法」では第二条の「教育の目標」に「自主及び自律の精神を養うとともに、…勤労を重んずる態度を養うこと」としている。「教育基本法」には「勤労を尊重」することが教育の目的、目標として戦後も一貫して強調されたのである。「労働」ではなく、「勤労」となったのは憲法の規定を受けてであろう。「教育基本法」を受けて、「学校教育法」では第三六条の中学校の「目標」の二号に「社会に必要な勤労体験を重んずる態度」の「達成に努めなければならない」としている。

そして、いわゆる「勤労体験学習」と呼ばれる「勤労にかかわる体験的な学習」が一九七七（昭和五二年）の小・中学校「学習指導要領」（高校は一年遅れ）に規定され、「勤労」の言葉を用いた教育が具体的に始まった。この延長にボランティアの奨励があり、ボランティアの強制も出てくる。東京都立の高等学校が平成一九年度以降、「奉仕活動の理念と意義を理解させ、奉仕に関する基礎的な知識を習得させるとともに、社会貢献を適切に行う能力と態度を育てる」ためにすべての生徒に対し「奉仕」を履修させることに連なっている。正に戦前の「学徒勤労動員」の様相を呈することになるのは想像に難くない。

「勤労」の言葉は新「教育基本法」において「自律の精神を養う」と関連づけられているように、「自立」(Independent)ではない為政者に都合が良い「自律」(Self control)のためとなっている。「勤労」は本人が努力しても自身の自立のためではないのである。

戦後の「勤労を尊重する教育」は、ザ・たこさんが「ナイスミドルのテーマ」で「働くおじさんナイスミドル」と歌っているように「働くおじさんご苦労さん」と感じることを目標にしているだけである。もちろん、勤労を卑下する観念を教育するよりも良いであろうが、社会に出て自立するための労働観を育成することにはほど遠い目標である。

教育学者も「勤労」を利用した

「日本国憲法」、「教育基本法」に「勤労」が使用されていたため、教育学者も「勤労」を疑わなかった。例えば革新的とされた戦後教育のリーダーの一人であった宮原誠一も同様であり、一九五四年の「勤労青年の教育」では、戦前の一九四三年に発表した「勤労青年の教育について」と同じような論旨で「勤労」を使用し論じている。戦後の論でも理想的な「勤労大衆の育成」、「勤労青年教育の本筋」と記し、「勤労」を多用している。宮原は、戦前の「教育」や「勤労」についての用語の反省をしないまま、それらの言葉を継続して使用していたのである。

前章の〝キャリア教育〟の「勤労観」の育成の課題にも〝道徳〟的、〝修身〟的発想に基づいている。労働者のためではない「勤労」観が基底に漂っているからである。

長年の教育により国民は「勤労」に違和感を持たず、むしろ戦後は「勤労感謝の日」により親しみを持たされたのであった。このようなことが第三章で述べた「勤労と教育との密接な関係」を生んでいるのである（「１９５０年代における労働と教育をめぐる課題」、『日本の社会教育』、二〇一三年）。

「勤労省」にならなかった労働省

以上のような「勤労」が「日本国憲法」に使用されたのであり、森戸の疑義は的を射ていた。ただ、「勤労」は労働省の省名、局名に使用されなかった。戦後直後には戦前の厚生省勤労局が引き継がれたが、「日本国憲法」の制定を受けて労働省が厚生省より分離独立した時に勤労局は職業安定局と労働基準局とになった。

労働省関連法で「勤労」を使用したのは一九七〇（昭和四五）年の「勤労青少年福祉法」や翌年の「勤労者財産形成法」が最初だが、既に社会では「勤労」が定着していた後であった。

「労働教育」の重要性

近年の労働条件の悪化にともない、ブラック企業の出現やサービス労働の強制等が問題になっている。この問題に対し「労働教育」の重要性が叫ばれている。それは労働者の権利を守る、「日本国憲法」

第二八条に保障された団結する権利、団体交渉の権利、団体行動をする権利の教育である。

これまで、勤労を付けた教育は様々に検討・実施されてきたが、労働者の権利を守る労働教育はなされてこなかった。「勤労教育」と「労働教育」は全く意味が異なるからである。「教育」で主権者の権利を守ることを教育することがどこまでできるのか、「主権者教育」と合わせて今後の展開を見守らねばならない。

二、マッカーサー草案の職業を分離した学問観

すでに明らかなように、教育と職業問題は密接に関連づけなければならないが、わが国ではこの思考様式が欠落している。特に、大学人の学問観に根強く、今日にも見ることがある。このような精神の根底に、現「日本国憲法」の規定があると言える。

マッカーサー草案の改編による分離

マッカーサー草案をアメリカから押しつけられて「日本国憲法」を制定したのではないことは既に明らかになっている。戦争の放棄の第九条、教育の第二六条のみでなく、学問と職業との関連についても同様であった。〝マッカーサー草案〟の第二二条は次のようになっていた。

Article XXII Academic freedom and choice of occupation are guaranteed.

マッカーサー草案では右のように学問と職業が同等に扱われていた。ところが、「日本国憲法」では周知のように第二二条の「職業選択の自由」と第二三条の「学問の自由」に分離されたのである。分離したのは日本人であることは明らかである。

この結果、学問（教育学も）が職業と分離されても良いことになった。しかしながら、堀尾輝久の論理を用いれば、学問の自由は職業選択の自由を保障するように位置づけなければならなかったはずだが、堀尾も学問と職業の関係を「日本国憲法」の関係では論じていない。

このようなことが第四章で紹介したフランスの「能力開発方針法」（ジョスパン法）のように、教育と職業との関連性が明確化されていることと異なる要因になっている。

戦後知識人の学問観・職業観

わが国の大学人の多くが、研究や学問は職業とは関係ないという観念を持っていることは現憲法に由来していると言える。例えば、マルクス経済学者と言われている大内兵衛は「日本国憲法」施行の日に東大で「われわれはたとえ微力であっても、今日よりして、また志を新たにして、この国民のために、この社会のために、新しき憲法のために、その一層の進歩のために、更にまた他日よりよき憲法を得る用意のために、各々学問の野を耕すべきであろう」として、ワイマール憲法の「経済生活の秩序は、人をして人たるに値する生活を得せしめることを目的」とすることや、ロシア憲法の「国民は労働権即ち労働の量及び質に応じてこれに対する支払をうけて仕事に従事する権利が与えられねばならぬこと」が規定されていることを取り上げ、「しかるに、わが新憲法は国民の基本権の擁護においていわゆるブルジョア的自由―文民の自由を保障するに止まっている」と批判している。

大内は、ワイマール憲法やロシア憲法の労働問題については紹介しているが、GHQが参考にした鈴木安蔵の「憲法草案要綱」で労働権が重視されたことを論じていない。また、職業問題はマッカーサー草案から「日本国憲法」にどのように変化したかを論じていない。「日本国憲法」の不備についての改正に言及しているが、明確には学問が職業選択や労働権について貢献すべき事を述べていない。

国民の自立のためには、職業観、労働観を正しく考えられるように再考しなければならない。例えば、マッカーサー草案のような職業に関する規定であれば、「学校教育法」第五二条にある大学教育は「応用的能力を展開させる」意味として現実の職業を意識することになるのではないだろうか。

「職業選択の自由」と「学問の自由」を分離したのは、戦前の軍部による研究の軍事利用があり、そのことを排除しようとした意図もあっただろう。戦前に研究が戦争に利用させられたことを阻止することは、しかし、戦後の学問が職業と無関係で良い、という根拠にはならないはずである。

大学が特権階級のための制度であった時代ならともかく、大学を卒業すると大半が職に就き、労働しなければならない社会にあって、大学が職業から無関係の位置に有ると考える事は、真の国民のための学問の自由の追究とはいえないであろう。

また、大学が経営的に自立していれば良いが、私学であっても国費の補助を受けているのであり、それが国民の税金であるとすれば、学問が現実と切り離されて良い筈は無いということになる。大学卒業生も社会に有益な国民となる知識と能力を備えるべきであろう。

職業の三要素と職業教育

職業の意味としては、尾高邦雄が整理したように、個性の発揮、生計の維持、社会的貢献の三要素がある（『新稿職業社会学』、一九五三年）。職業のこのような意味さえ考えられなかった。

なお、職業教育は主に“Vocational Education”と訳される。この“vocation”は単なる「職業」ではなく周知のように天職の意味を持っている。つまり、“Vocational Education”は「天職のための教育」ということになる。しかし、わが国の「職業教育」の言葉には「天職のための教育」のような意味があるという考えはない。むしろ戦後は「職業教育」は企業のためだとする批判が多大であった。その場合の理解は「職業教育」を“Occupational Education”の意として批判していたのである。“occupational”は“calling”や“vocation”とは対置の概念を持つ、（国や企業から）与えられた職業の意である。このような職業に関する理解もなく職業教育を批判することはわが国の職業観の偏狭さを示していると言える。

なお、「職業選択の自由」が国民にある。「職業選択の自由」が民主的のように思われるが、裏返せばそれは国民は〝失業者となる自由〟もあることになる。企業は〝採用する義務〟はないからである。そのため、国には国民の「労働の権利」を保障する義務が必要なのである。

このことに関し、江戸時代の「按摩」は杉山検校の働きもあったのだろう、盲人の職業としての専業であった。つまり、盲人の職業として保障し、健常者は按摩を仕事にできなかった。「職業選択の自由」はこのような専業を否定しているのであり、どちらが民主的なのかを再考すべきであろう。

なお、「世界人権宣言」では職業選択の自由は労働権に含まれている。そして労働権には「失業に対する保護を受ける権利」が含まれている。つまり、「失業」は労働の権利で生じない論理になっている。

戦後の失業対策において、アメリカのニューディール政策を模して国が公共事業を起こし、失業者の労働と賃金を保障した。公共事業は今日では批判されているが、箱物行政と大企業の占有に対してであり、「労働の保障」のための論理としては今でも正しいはずである。今日の公共事業批判は、戦後の再出発の状況を無視した批判になっている。

四、「普通教育」という目標の不明性

普通教育の問題

「普通」とは不思議な言葉である。人びとは〝普通〟を求め、〝普通〟に安堵する。同様に、「教育」に用いた「普通教育」を日本人は信奉している。しかし、「普通教育」には日本的な解釈が盛り込まれている。今日の日本人は「普通教育」の言葉を妄信し、結果として職業教育を疎んできたのである。「普通教育」への正しい再評価がなされなければ、職業教育への再認識は覚束ないといえよう。それは「国民教育」や「人民教育」の意味を希薄化、さらには失念させるからである。

ルソーやペスタロッチの思想は欧米では様々に受け継がれ、多様な教育論が展開、実践されている。それらは海外の教育論としてわが国にも紹介されるが、紹介に終わるのがわが国の常であった。つまり、実践に至らないのである。この根本的な要因は、カリキュラム研究がわが国ではほとんど不可能だからである。戦前は当然として、戦後も一時期を除いて「学習指導要領」の拘束のために不可能なのである。戦後の被占領期の一時期に多様な研究もあったが、その後の教育の統制が進む下ではカリ

キュラム研究は行われようがないのである。

「普通教育」の形成と曖昧性

職業教育がわが国で低迷している背景には、「普通教育」への信奉がある。しかし、「普通」という言葉は曖昧であり、その教育には問題がある。「普通」が接頭語として付くわが国の用語を英語で調べれば「普通」の意を表わす英語の語には極めて多様な意味がある。最も極端な言葉に、高校と同じ「普通科」が自衛隊にもある。自衛隊の「普通科」は“Infantry”（歩兵隊）である。

「普通教育」の適切な英語がないことも問題を示唆している。「普通教育」の元はお雇い外国人であった政府の助言者となったフルベッキが大隈重信に欧米の学校を視察するときの視点として示唆した「ブリーフ・スケッチ Brief Sketch」の“Popular Education”であった。「ブリーフ・スケッチ」は岩倉具視を団長とした欧米視察団にも再提案され、視察の重要な項目の一つは“Popular Education”であった。

その“Popular Education”はフルベッキも参加して作成した『薩摩辞書』の定義や、大隈が建議のために「事由書」にメモした「人民教育」または「国民教育」の意味であろう。ところが、視察団が帰国して一八七三（明治六）年に記した報告書の『理事功程』においては「普通教育」が初めて使われた。『理事功程』をより詳細に記した一八七八（明治一一）年の『欧米回覧実記』は度々増刷された。『回覧実記』では「普通教育」が多用され、「普通教育」を使用した翌年の「教育令」を施行する土壌が文部省内で共通認識として定着したと考えられる。

「人民教育」を使えない三つの理由

なお、明治期に「人民教育」を使用出来なかったことには、三つの理由があった。第一に、明治の学校は庶民の学習施設である寺子屋を発展させた施設ではなく、庶民だけではなく士族や貴族をも〝四民平等〟に入学を認めた学校だった。このため「人民教育」という言葉は適切ではなかったからである。

第二に、わが国の学校は実質的にもアメリカ等の職業的教育を含めた〝popular education〟を行う事は出来なかったからである。つまり、職業教育には財源が膨大にかかる。当面の目標である富国強兵の人材の給源として、いわゆる「普通教育」のみによる教育を行った。そのため、〝popular education〟を表す言葉を避けたかったからと思われる。

第三に、「人民」の語を法令においては避けていたようである。欧米の〝people〟や〝popular〟に相当する言葉の訳を一般の書物では良いとしても法令に用いることが憚られた。例えば、一九二八（昭和三）年の「不戦条約」の締結に際し、「人民ノ名ニ於テ」の規定を黙認したとして、内田全権顧問官は罷免され、内閣は総辞職に追い込まれた。このような立場から〝popular education〟を曖昧な「普通教育」に置き換えたことが推測される。

なお、明治五年の「学制」では「人民」を使っていたが、「学制」を施行した大隈重信等はフルベッキとの親交も厚く、開明的であったため、「人民」を忌避した後の時代とは異なるためと考えられる。しかし、一八八五（明治一八）年の改正「教育令」からは使われていない。

「初等教育」だった戦後の「普通教育」

なお、「普通教育」は「日本国憲法」改正の議論の過程で、戦後は義務教育が中学校までになったため、草案の「初等教育」を訂正して入ったのである。戦後の法令にもその「普通教育」が使用されたので、誰も疑問に思わなくなった。今日では「普通教育」は「特殊教育」(障がい者の)、「高等教育」、及び「専門教育」(職業教育)に対して使われており、概念が定まらず明確でないのは明らかである。

その中でも、普通教育の概念は主に職業教育に対置して用いられるが、普通教育の温存を前提とした職業教育や「キャリア教育」の振興は自家撞着であろう。高等学校の普通科のままでは「歩兵隊」とは言わずとも、エコノミックアニマルまたはロボット製造になってしまいかねない。

このような歴史的過程から見ると、憲法における義務教育について「普通教育」と規定していることが問題であることがわかる。つまり、義務教育段階までは「職業教育」の対置概念として用いられている「普通教育」を設定する必要はないはずだからである。なぜなら、寺子屋では「読み書き算」のみならず、漢籍や「史書」、また各種の職業を解説した「往来物」により学習支援されていた。それらは、寺子の学習の興味・関心と必要性によって寺子に支援されていたことをみても分かる。それはフルベッキの記した“Popular Education”であったはずである。そして「普通教育」よりも大隈が記した「国民教育」、または「人民教育」がより適切な言葉であったことは明らかである。

わが国は戦後にアメリカの学校制度をモデルにしたが、わが国のような「普通高校」という考えはアメリカにない。単位制という制度は同じであるにもかかわらず、アメリカではわが国のように職業(専門)高校と普通高校とを明確に分離しない、いわゆるハイスクール(総合制高校)である。そこではわが国のすべての高校の内容が習得可能なのである。その差異の根本は単位制＝選択制ということに起因している。わが国の普通高校では、選択制を採用する余地はないことがこの問題を示している。「普通教育」の言葉によってわが国の学校教育が分断されていることは明らかである。そして、ここから職業学科への差別感が生まれているのである。

「普通教育」が戦後も批判されない背景

さて、「再び教え子を戦場に送らない」という戦後に主張されたモットーに賛同するが、では教え子を何処へ送ろうとしたのだろうか。その目的地が不明な平和主義の観念だけの教育論が主流であったため、革新側の戦後教育の方針が明らかにならなかったことも、職業教育が理論的に検討されず、逆に革新側から職業教育の批判が出された要因だったと言える。

また、学校教育は「完成教育」と言われてきたが、その言葉は〝人は成長する、発達する〟としている〝教育論〟とは矛盾するのではなかろうか。ただ、「自己教育」の意味は「上級の学校へ進む準備のためではなく、その学校を卒業後、直ちに社会に出ることを目標とする学校教育」（『日本国語大辞典』）とのことであるが、この定義によっても多数を占める普通高校は当てはまらないことになり、「完成教育」は成り立たないことになる。普通教育では完成教育はあり得ないことは明らかである。「教育基本法」でいう「人格の完成」など学校教育のみでできるはずがない。元来、人の完成度が分かるのは正に生涯の終わるときであろう。いや、評価はもっと後世になってからであろう。

にもかかわらず、経済成長に併行して進学率が向上すると、「高校全入」等のスローガンとともに、より大学に進学しやすい普通教育論が主となった。職業教育は無限に発達する子どもの可能性を摘み取る、という理由で軽視された。わが国では職業教育の振興を説くと、直ちに教育は企業の奴隷を養成する事では無い、との批判が出ていた。

結果、逆に世界から批判される〝エコノミックアニマル〟が育ち、「社畜」が生まれることになった。「二四時間働けますか！」の企業戦士こそ、普通教育と日本的雇用慣行が形成した申し子だった。そそして、バブルがはじけた後に、即戦力としての専門能力、経験が企業から求められ、それに合わないニートやフリーターによる労働者の非正規化が蔓延しているのである。

ただ、ある学生が「日本にはニートはいない」との感想を書いてきた。どのような意味かとよく読むと、日本では職業訓練を受けているのは極めて少なく、受けた者の就職率は極めて高いからである、との論であったが、納得させられたのであった。第五章で紹介したように、世界が〝Lifelong Education〟の課題を追究していたとき、わが国は高度経済成長に浮かれ、人間育成の重要な課題を看過していたのである（「用語『普通教育』の生成と問題」、『職業能力開発総合大学校紀要』、二〇一〇年）。

五、「労働による人間育成論」の看過

わが国の学校教育では、欧米に比べて職業教育の位置づけが低く、また、その実施体制も極めて貧弱である。この問題は、遅れて近代化を進めてきたわが国の特徴であった。

しかし、近代学校を設立した時、職業教育を無視していたわけではない。一八七二（明治五）年の

「学制」には「中学」に農業学校、商業学校、工業学校等を規定していたし、一八八〇（明治一三）年の改正「教育令」では学校として農学校、商業学校、職工学校等を規定していた。その後の教育法令にも職業教育を必ず掲げていた。

ところが、財政的に貧弱な明治政府は「学制」により義務でありながら有料の普通教育の小学校を設立することが限界であった。そして多額な設備費がかかる職業教育の設置は後回しにされた。

最初に職業教育制度としての「徒弟学校規程」が制定されるのは一八九四（明治二七）年であった。それも、裁縫・紡績を中心とした女子校が六割と多くを占めており、男子校でも近代工業を主とするのは三割程度であった。また、学校名に「徒弟」を付けたのは男子校九三校中三九校で三九・八％、女子校一四三校中五校で三・五％だったように学校関係者からも「徒弟」は忌避されていた。このように、徒弟学校の実態は名とは程遠い実情であった。

他省庁の職業学校の「統摂《とうせつ》」と実学軽視

ところで、明治政府の各省はそれぞれの業務の必要性から各種の伝承施設、または新規の修業施設を開設していた。なお、学校を全て管理したいとする文部省は、法令主義を基盤としている省庁であることに変わりはなかった。文部省は第二章に紹介した一八七九（明治一二）年の「教育令」第一条の「全国ノ教育事務ハ文部卿之ヲ統摂ス」の規定を盾に他省庁の施設運営に強い批判を始めた。先ず、一九八一（明治一四）年の農商務省の職制が実業関係学校を管轄していることを太政官に上稟《じょうりん》した。農商務省と文部省との論争は続いたが、文部省に軍配が上がり、他の省庁での職業学校等の設置は困難となった（里見実「近代日本における工業教育の成立」、國學院大學『教育学研究室紀要』、昭和四二年）。

文部省の管轄下に入るメリットを与えるために、文部省は小学校への支援よりも早く一八九四（明治二七）年に「実業教育費国庫補助法」を制定して優遇した。この助成策によって他省庁の職業学校を〝統摂〟したのである。この結果、農商務省管轄下の織物・裁縫等の学校が文部省の徒弟学校に統摂されることになった。しかしながら、実業を主導する省庁ではない文部省が実業教育の指導をすると、次第に学理中心になるのは必然であった。なぜなら、官僚には大学出身者が就くが、わが国の大学は学理重視策であり、実学重視策は次第に縮少再生産されることになる。つまり、労働経験が軽視される下で実践的な課題は学校現場の改革の理論にはならなかったのである。

例えば「徒弟学校規程」第四条では「実習ハ設備上又ハ其ノ他ノ関係ニ依リ学校ニ於テ教授スルニ不便ナル職業ニ限リ之ヲ欠クコトヲ得」として実習は当初より実施しなくても良かった。徒弟学校が産業界に期待される職人養成の規定になっていなかったのは明らかである。

「統摂」により、文部省の管轄下に入った徒弟学校の多くは徒弟養成の実態に遠く、学理重視策の学校制度へと進んできたのである。ヨーロッパ諸国の学校制度とは異なるわが国の職業教育軽視の特徴はここから始まっている。

なお、一八八一（明治一四）年に東京職工学校が設立されていたが、同校は今日の東京工業大学に昇格したように、当初より職長の養成を目的として、各地の工業学校等の教師養成を担っていたのであり、職工の養成機関ではなかった。

徒弟学校廃止の無原則

「実業教育費国庫補助法」の支援を受けて徒弟学校は増設された。ところが、一九一七（大正六）年の臨時教育会議答申は徒弟学校については一言も論じず、実業教育の改革は不要としていた。にもかかわらず、文部省は徒弟学校の問題や弊害の指摘もせずに一九二一（大正一〇）年に廃止した。ここにはわが国の文部行政における教育観の根底に潜む実学軽視があった。

最も徒弟学校的な実践を展開していた学校に、現在の三重県伊勢市に開校した大湊造船徒弟学校があった。大湊造船徒弟学校は、ドイツの今日のデュアルシステムとも重なる「修業制度」を採っていた。このような大湊造船徒弟学校は地元から期待され、応募者も多かった。当時、既にドイツのシステムが紹介され、その意義が強調されていた。文部省の視学官や官僚だけでなく他省庁、他府県からの見学者も多く、大湊造船徒弟学校の名声は日本に広まっていた。他府県からの入学者もいた。にもかかわらず大湊造船徒弟学校の実践は広まらなかった。

徒弟学校の廃止により、大湊造船徒弟学校も他校に遅れて数年後にやむなく工業学校に改編されたが、この改編でデュアルシステム的運営の可能性に蓋をすることになった。改編された大湊町立工業学校卒業生の寄稿文を見ると、実習は徒弟学校時代と同様に造船工場等で実施していたにもかかわらず、学校の時間割には実習の科目名は明記されていないのである。

実習を科目として掲載しなかったことは、文部省の管理下におけない工場実習を学校制度としては認められない、というような暗示と、学校側の文部省への阿《おもね》り、または忖度《そんたく》があったのではなかろうか。大湊町立工業学校のような生産現場での実習を忌避するという学校管理の方針が始まったことが推測される。

経験・実習による人間育成の看過

徒弟学校の廃止の遠因に、文部省が現場実習を管轄できないことがあったと推測される。

孟子が「親方は弟子に規矩や定規の使い方を教えられるが、弟子の腕前を上達させることはできない」と述べたこと、吉田松陰が近代化のために全ての学校は「船匠・銅工・製薬・治革の工、凡そ寸技尺能ある者、要は皆宜しく治事斎に屬すべし」と示唆した意味を解釈し、大湊造船徒弟学校の修業制度を普及・発展させることによって、わが国もデュアルシステムの整備は困難ではなかった。ドイツでは近年デュアル大学が設立され、中等教育段階のみではなく、大学レベルの観念としても学校と業界との連携の在り方の検討は必須の視点であると言える。

education の概念からほど遠い官製語の「教育」を美化したことにより、わが国独特の教育システムが構築されてきた。その結果、学理重視主義が次第に強化され、これは戦後にも引き継がれた。学校における職業教育を受けた修了者が社会で評価されなければ、労働が誇りとならず、職業教育が国民に敬遠されるのは必至である。

このような労働による経験のシミュレーションが実習である。筆者は「実習とは、五体と五感を使って、現実の物事に働きかけ、その反応を感じ取り、働きかけている過程で自然や人間の諸関係に関する知識、技能、態度を総合的に習得する学習である」と定義している（「実習の定義と役割」、『産業と教育』、平成二六年一二月）。このような実習を重視している職業能力開発校において、中学校で不登校だった生徒が皆勤賞を取り社会で立派に働き、家庭を持っている等の貴重な人間育成が行われているのは当然である。

換言すれば労働の経験によりその仕事に関する能力は確実に増す。実は経営者は経験を認めているのである。その良い例が古いとされてきた年功賃金に反映されたのであり、逆に今日、フリーターになった者が正規社員を望んで就職活動をしても労働能力が無いものと見なされ、何時までもフリーターの渦から抜け出せないことがそれを示している。

労働、職業に関する経験を人間育成策として再認識することが重要な課題になっている。

職業教育軽視観と徒弟制度批判

徒弟制の実態は古今東西ほぼ同じであり、わが国だけで批判される根拠が明確でない。若い人に人気のヨーロッパのブランド品は職人達に手作りされているのが多いが、その職人達は徒弟制度の下で修業している。

序論で紹介したＩＬＯの「職業訓練に関する勧告」の「定義」の続きに次の項目がある。次の定義は今日でも基本的に変化はないと考えられる。

(c)「徒弟制度」と称するのは、使用者が契約により年少者を雇用すること、並びに予め定められた期間及び徒弟が使用者の業務において労働する義務ある期間、職業のため組織的に年少者を訓練し又は訓練させることを約束する制度をいう。

徒弟制度に関する各種見解

	「徒弟制度」とは	重要な要素	批判的意見	欠落視点
①	徒弟と親方が、一緒に仕事をする。	仕事の現実が伝承できる	親方の個人的指導になる	仕事の伝授
②	徒弟は、極めて少人数である。	個別指導になる	大量の養成に向かない	学習の原則
③	徒弟は、何がしかの手間賃を貰う。	最初から仕事はできない	低賃金で酷使されている封建制	職業能力と手当
④	徒弟は親方と生活を共にする。	現場だけが仕事では無い	私的雑用をさせられる	仕事は生活と一体的
⑤	徒弟は一定の年季を経て親方に一人前と認められる。	仕事の評価の方法	期間が長すぎる	職業資格

元来、徒弟制度とは上の表のような五要件により成り立っている。そして、徒弟制への批判的見解は表の「欠落視点」を克服した批判となっていない。

特に、④の徒弟の義務としての家事労働の従事への批判が強い。この批判には家事労働も仕事として、そこには手順と技術が必要になり、それを修得する意味があることが理解されていない。また、親方の家に住み込むことは、ただ家事労働を担当するだけではなく、親方の一挙手一投足をも目の当たりにすることにより仕事の考え方・やり方を学ぶためである。仕事は現場だけで行われているのでなく、段取りの組み方、職人集団の采配の仕方を考えるのは事前に家の中でもおこなわれているからである。仕事は、手先だけの技術・技能だけで行うのではなく、全人格として行っているのであり、親方の全人格を学ぶ機会が親方の家への住み込みなのである。

また③の職業能力評価をも行っていることを理解せねばならない。大成した職人が仕事に関して教養があると感心させられることはいくらでもある。仕事の追求は教養をも高めるのである。

このような批判は、遅れて近代化した日本を早く先進国に追いつこうとする方略として、西洋の知識を優先し、それまでのものづくりを担ってきた徒弟制を封建的という学理主義により排斥したからである。徒弟制的な仕事の伝授は近代産業においても似た要素があるため、今日でもヨーロッパ諸国では「徒弟制」の再検討が行われている（「大湊造船徒弟学校における修業制度の創設と看過」、『技術教育学の探求』、二〇一六年五月）。

徒弟制へのわが国の拒絶観

濱口桂一郎はブログ「EU労働法政策雑記帳」で「アメリカ、イギリス、ドイツ、フランス等々の先進国、ブラジル、南アフリカ、中国、韓国までぞろりと登場しているのに、日本の代表は少なくとも発言者としては出ていないようです。／先進国も新興国も、世界共通の政策課題として徒弟制がこれだけ取り上げられているのに、そこに日本の姿がないのは寂しい思いがします」と記している（二〇一四年四月一二日、「G20-OECD-EU若者上質徒弟制会議」）。

“Apprenticeship”という呼称で世界が議論しているにもかかわらず、わが国は、G20にも入っていないような感を与える。このように、“Apprenticeship”の国際会議でわが国官僚が全く発言していないことは、わが国官僚の徒弟制度への無関心だけではなく、議論の素養もないことを象徴的に表わしている。わが国は人材形成を教育の専有のように捉えているため、教育制度とは異なる他の制度は人間の育成にはならない、と考えているからである。“Apprenticeship”を語が意味する〝修業制度〟のように捉え方を変更し、人間育成の重要な枠組みとして再考すべきであろう。

戦後の労働民主化と徒弟制批判

ところで、「工場法」は戦後の「労働基準法」に改正される。したがって、「工場法施行令」の「徒弟」規定は「労働基準法」に引き継がれることになる。ただ、言葉としての「徒弟」は「技能者養成」になった。ここに「労働基準法」を検討した日本の知識人による労働政策の民主化観をGHQにアピールするためと思われる愚策が出る。

つまり、アメリカには徒弟法があり、GHQは徒弟制度を批判した訳ではないにもかかわらず、戦後「労働基準法」を検討した日本の知識人は労働政策の民主化観をアピールするためと思われるが、憲法第七章のタイトルを「徒弟の弊害排除」とした。このタイトルは徒弟制度批判の語感を与えるが、憲法第二七条三項の「児童は、これを酷使してはならない」を解釈したものと推測される。しかし、「徒弟の弊害排除」の条文の内容は仕事を学ぶ者を酷使してはならないという意味である。タイトルと内容には齟齬があるにもかかわらず、「労働基準法」に今日も残っており、労働行政としても徒弟制度に対する欧米諸国とは異なる立場の遠因になっている。

このような戦後の〝民主〟観の慮りが今日にも継続しており、文部行政のみではなく、日本人の感覚に沈殿している。このようなところに、わが国の徒弟制度に対する国際感覚とのずれがある。芸術やスポーツの世界では重視されるが、仕事・職業の場合についてのみ実践・経験を軽視するのは、学理優先観から派生する極めてわが国独特の観念と言える。

六、近年の職業教育振興策の学習者軽視

リーマンショックを受け、経済の低迷が推移する下で、企業は教育訓練に手間暇を掛けられず即戦力となる人材を求めるようになり、経済再建のための職業教育の重視策がわが国でも認識され始めた。しかし、それは人間として発達してもらいたい、という願いではなく、経済再建のための人材形成としての職業教育論と言える。

「労働陶冶論」はわが国にも紹介され、少なくない研究論文もあるが、時々の政策課題にはならなかった。この理由は、職業教育には財政的な負担が大きいために実践的な設備を整備できなかったこと、進学熱の向上により親も子も職業教育を軽視したことの両面があった。この視座が今日問われているのである。しかし、今日提唱されている職業教育論は、これまでに紹介して来たような「仕事」または「職業」によって人間が成長・発達して欲しいとの願いは極めて希薄である。

中央教育審議会答申の目的

第五章で紹介したように、「学校から社会・職業への移行や社会人・職業人としての自立の課題は、社会全体を通じた構造的な課題／学校から社会・職業への移行が円滑にできていないことに顕在化」のためにキャリア教育や職業教育を推進しようとしていることに表れている。これは「教育」の概念からすれば必然だとも言える。最も具体的な提言は第五章で紹介した中教審の「今後の学校における

キャリア教育・職業教育の在り方について」答申で、高等教育レベルにおける新たな「職業実践的な教育に特化した枠組み」を提起したことである。

確かに、答申は「学校教育の改善－充実には、学校の努力はもちろん必要だが、保護者、地域、企業など社会全体がそれぞれの役割を担い、相互に協力して子ども・若者を支えることが必要」としている。ここには若者が「完全失業率（約七％）、非正規雇用率（約三〇パーセント）、無業者（約六十万人）」とならないように、との方策としては考えられている。しかし、そこからは若者が職業能力を習得することによって人間として成長してほしいという理念を感じられない。

右の論旨には、普通教育一辺倒の問題を指摘せず、職業（労働）を通じて人は成長するのだ、と言う仕事への畏敬の念の立場がないと言わざるを得ない。

（参考文献）
＊元木健『技術教育の方法論』、開隆堂、昭和四八年。
＊安丸良夫『神々の明治維新』、岩波新書、一九七九年。
＊三好信浩『日本の産業教育』、名古屋大学出版会、二〇一六年。

資料1　マッカーサー草案（1946年2月13日）

＊

Article XXII. Academic freedom and choice of occupation are guaranteed.

Article XXIII（略）

Article XXIV. In all spheres of life, laws shall be designed for the promotion and extension of social welfare, and of freedom, justice and democracy.

Free, universal and compulsory education shall be established.

The exploitation of children shall be prohibited.

The public health shall be promoted.

Social security shall be provided.

Standards for working conditions, wages and hours shall be fixed.

Article XXV. All men have the right to work.

マッカーサー草案訳（昭和21年2月25日閣議配布）

第22条　学究上ノ自由及職業ノ選択ハ之ヲ保障ス

第23条（略）

第24条　有ラユル生活範囲ニ於テ法律ハ社会的福祉、自由、正義及民主主義ノ向上発展ノ為ニ立案セラルヘシ

自由、普遍的且強制的ナル教育ヲ設立スヘシ（注、「自由」は後に「無償」と訂正）

児童ノ私利的酷使ハ之ヲ禁止スヘシ

公共衛生ヲ改善スヘシ

社会的安寧ヲ計ルヘシ

労働条件、賃銀及勤務時間ノ規準ヲ定ムヘシ

第25条　何人モ働ク権利ヲ有ス

資料２　「日本国憲法」（昭和21年11月３日）

＊

第22条　何人も、公共の福祉に反しない限り、居住、移転及び職業選択の自由を有する。（２項略）

第23条　学問の自由は、これを保障する。

第24条（略）

第25条　すべて国民は、健康で文化的な最低限度の生活を営む権利を有する。（２項略）

第26条　すべて国民は、法律の定めるところにより、その能力に応じて、ひとしく教育を受ける権利を有する。（２項略）

第27条　すべて国民は、勤労の権利を有し、義務を負う。

賃金、就業時間、休息その他の勤労の条件に関する基準は、法律でこれを定める。

児童は、これを酷使してはならない。

“The Constitution of Japan”（政府公式訳）

Article 22 Every person shall have freedom to choose and change his residence and to choose his occupation to the extent that it does not interfere with the public welfare.

Article 23 Academic freedom is guaranteed.

Article 24（略）

Article 25 All people shall have the right to maintain the minimum standards wholesome and cultured living.

Article 26 All people shall have the right to receive an equal education correspondent to their ability, as provided by law.

Article 27 All people shall have the right and the obligation to work.

Standards for wages, hours, rest and other working conditions shall be fixed by law.

Children shall not be exploited.

資料3　Universal Declaration of Human Rights（1948年12月10日国連総会採択）

＊

Article 23　1 Everyone has the right to work, to free choice of employment, to just and favourable conditions of work and to protection against unemployment.（以下略）

Article 26　1 Everyone has the right to education. Education shall be free, at least in the elementary and fundamental stages. Elementary education shall be compulsory. Technical and professional education shall be made generally available and higher education shall be equally acccessible to all on the basis of merit.

「世界人権宣言」（永井憲一監『教育条約集』より）

第23条［労働の権利］　1　すべて人は、労働し、職業を自由に選択し、公正かつ有利な労働条件を得、および失業に対する保護を受ける権利を有する。（以下略）

第26条［教育への権利］　1　すべて人は、教育への権利を有する。教育は、少なくとも初等および基礎的な段階においては、無償でなければならない。初等教育は、義務的でなければならない。技術教育および職業教育は、一般に利用できるものでなければならず、また、高等教育は、能力に応じ、すべての者にひとしく開放されていなければならない。

おわりに

「教育」については百人集まれば百通りの論が出る、と言われる。営まれている教育に対して大きな期待を持つとともに、様々な疑問を持つ人が多いからではないだろうか。しかし、そのように教育論が多様にあるということは、「教育」に関して正しく理解されていないため、ということはないだろうか。しかし、教育の中に居ては客観的に教育を見られない。誰もが誤解している教育を見極めるためには教育の渦の外から見る必要がある。国民に信じられてきた教育の〝常識〟を筆者は職業訓練の立場から見ることによって、様々な謎に気付いた。その一端を纏めたのが本書である。本書ではこれまで明らかにされてこなかった教育をめぐる誤解の一端を繙くことができたと思う。

元来「教」は宗教の意味であったが、二千年前に孟子が王のために「教育」を創った。支配者のための言葉であるため中国では「教育」は使用されていない。漢字は中国から伝来したが、わが国でも江戸時代まで「教育」は一般に使われていない。「教育」の使用は明治一二年の「教育令」以降である。しかし、その後も一般庶民には「教育」はなじみが薄かった。

社会で長らく使用されていなかった「教育」の言葉が国民に定着したことには「教育勅語」の下賜が絶大だったであろう。子ども達は「教育勅語」の暗唱のために自宅でも練習に励んだであろう。当時の親たち、社会の大半の人々は「教育」を使用していなかったのであり、「教育勅語」は「教育」の観念を日本の臣民に普及する大きな働きがあったはずである。つまり、「教育」は「教育勅語」と一体のものとして理解されたのである。教育は下賜されるもの、教育は受けるものと国民に理解されたはずである。徳育の内容であり題名のない勅語を「教育勅語」と命名した文部省は日本人の教育観を形成し、「教育」は与えられるものとの観念を日本人のDNAに刷り込む役割を果たしたと言える。

「教育」を信奉すると、今年（二〇一七年）の春先から世間を騒がせている森友学園のように異常な教育論に発展する可能性がある。同学園への批判がマスコミを賑わしたのは国有地の不明朗な払い下げという政治問題が明るみになってからである。「次代を担う子どものための教育」として「教育勅語」を暗唱させるという同学園の教育は以前から実施されていたが、そのような教育に対する批判は当初は起きなかった。政治問題が明るみになり同学園の教育は洗脳であるとして批判された。このように、教育と教化、または洗脳は表裏の関係にあると言えるのである。

安部政権は、森本学園への批判を逆利用して、「教育勅語」の学校での利用を「教育基本法」に反しないと閣議決定し、「教育」の最大利用を具体化しようと画策している。「教育」は「教育勅語」の呪縛から未だ解脱していないと言えよう。

学校教育に対する国民の意識は明治期に比べると今日では極めて複雑である。学校を了えた多くの者は働かねばならないが、労働界では非正規労働者が増大し、一方、正社員は過労死する等の厳しい社会が待っている。人々は学校への熱い期待と、卒業後の不安が入り混じっているのではなかろうか。このような社会に甘んじる精神を形成しているのも教育である。しかし、国民は教育に期待しているからといって、国の教育策全てが正しいと考えているのではないだろう。「教育」、そして「教育を受ける権利」を克服してこそ初めて近代化精神を乗り越える人間育成策が始まると言える。このような教育改革に関する「日本国憲法」の改正点として、第一に、「教育を受ける権利」は「学習する権利」として再編すべきこと、第二に、法令では「教育」の文字を「学習支援」の言葉で再編すべきこと、第三に、「勤労」を「労働」として労働権の条文を学習権の条文の前に規定すべきである、と考えている（「これからの人間形成の法体系」、『日本の社会教育』、二〇一〇年）。

国民主権の時代、わが国の教育は右のように改革すべきだ、と述べると、「日本の教育は文化でもあり、守るべき伝統でもあるはずで、他国の真似をする必要はない」という意見が必ず出てくる。しかし、右の論は物まねではなく、人権としての論理である。「日本国憲法」第一三条は「すべて国民は、個人として尊重される」と規定されているが、個人を尊重し、その人の発達を保障するのであれば学習の支援でなければならないと言えよう。

また、大田堯が述べているように、官製語として明治一〇年代に普及し始めた教育は文化とは言えないだろう。近代化として富国強兵・殖産興業のみを追求し、もう一方の近代化のためには人権を重視しなければならないことに国民は気づかないように教育されてきたのである。

西園寺公望は「第二次教育勅語案」（一八九八〔明治三一〕年）において、「教育ハ…国家百年ノ大猷《タイユウ》ト相ヒ伴ハザル可カラズ」として「方向ヲ誤ルコトナキヲ勉メヨ」としたが、わが国の教育は一四〇年変わっていない、と言えよう。

教育の権力的機能について「アポリア」として論じることがある（例えば高橋哲哉『教育と国家』、講談社現代新書、二〇〇四年）が、その問題は国民の育成に「教育」を用いるから生じるのであり、その解決のためには「教育」を忌避し、「学習支援」の言葉に転換すれば矛盾は無くなると言えよう。

一三万人を超える不登校児や六万人に近い高校中退者の発生を防止する対策も示せず、現下の教育による格差の拡大を是正できていないにもかかわらず、安倍総理が五月に打ち出した憲法改正をすると高等教育までの教育費を無料化できるという提言はまやかしであるのは明らかである。国民の人権を重視するためなら「学習する権利」の保障を検討すべきである。

本書は筆者が職業訓練の世界に職を得て五〇年になることを期し、これまでの仕事の過程で得た知見を読者各位にご批判頂きたく公刊したものである。

これまでの研究においてお世話になった宗像元介、木村力雄、佐々木輝雄、元木健、山崎昌甫、斎藤健次郎、村瀬勉、鈴木建夫、里見実の各先生に深く御礼申し上げます。その他右にご紹介していないお世話になった多くの先生にあつく御礼申し上げます。また、講義での議論でヒントをもらった学生さん、研修生の皆さん、そして、原稿の段階で目を通して問題を指摘し、本書の刊行を励ましてくれた山本和直さんに御礼を申します。

最後に、本書の刊行に関しては批評社のスタッフのみなさんに種々お世話になったことにお礼申し上げます。

二〇一七年六月　個性ある人々が活躍する社会を願って

著　者

著者略歴

田中萬年（たなか・かずとし）

1943年旧満州国大連市生まれ。

職業訓練大学校卒業。職業訓練大学校研究員、助教授、教授を経て、職業能力開発総合大学校名誉教授。日本産業教育学会会長・学術博士。

専門は職業能力開発、職育学。

主な著書

『わが国の職業訓練カリキュラム』燭台舎、1986年。
『生きること・働くこと・学ぶこと』技術と人間、2002年。
『仕事を学ぶ』実践教育訓練研究協会、2004年。
『職業訓練原理』職業訓練教材研究会、2006年。
『教育と学校をめぐる三大誤解』学文社、2006年。
『働くための学習』学文社、2007年。
『「職業教育」はなぜ根づかないのか』明石書店、2013年。

PP選書

「教育」という過ち――生きるため・働くための「学習する権利」へ

2017年7月25日　初版第1刷発行

著者……田中萬年

装幀……臼井新太郎

発行所……批評社
〒113-0033 東京都文京区本郷1-28-36 鳳明ビル102A
電話……03-3813-6344　fax.……03-3813-8990
郵便振替……00180-2-84363
Eメール……book@hihyosya.co.jp
ホームページ……http://hihyosya.co.jp

組版……字打屋

印刷……㈱文昇堂＋東光印刷所
製本……鶴亀製本株式会社

乱丁本・落丁本は小社宛お送り下さい。送料小社負担にて、至急お取り替えいたします。

ISBN978-4-8265-0666-3 C0037